ACHTSAM DURCH die Weihnachts-zeit

Achtsam durch die Weihnachtszeit

VORWORT

Auf die Weihnachtszeit freuen sich viele Menschen als eine Zeit der Harmonie und Ruhe, des Lichterzaubers, leckerer Naschereien und des fröhlichen Beisammenseins. In der Realität sieht das häufig anders aus: Gehetzt versuchen wir, an zu kurzen Feierabenden noch Geschenkeshopping und Glühwein mit den Kollegen einzuschieben und sich von der frühen Dunkelheit nicht bedrücken zu lassen. Die Wochenenden bringen Adventskaffee bei den Eltern, Plätzchen backen, nochmal neue backen, weil die ersten angebrannt sind, Selbermach-Geschenke anfangen, zwischendurch einkaufen, To-do-Listen schreiben, Silvesterpläne schmieden, Geschenke wieder umtauschen, weil jetzt doch noch eine Wunschliste kam und, ach, Essen und Schlafen muss man ja auch noch irgendwann. Puh.

Sie möchten auch gelassener und entspannter durch die Vorweihnachts- und Silvestertage gehen? Achtsamkeit kann Ihr Weg sein. Dafür müssen Sie keinen mehrwöchigen Kurs machen. Nehmen Sie sich einfach jeden Tag ein bisschen Zeit für die Achtsamkeit und für sich – als ob Sie Tag für Tag ein achtsames Adventskalendertürchen öffnen würden. Atmen Sie durch. Lesen Sie einen der Texte in diesem Buch, machen Sie eine Übung, malen Sie ein Bild aus, backen Sie etwas Schönes, gönnen Sie sich ein wenig Wellness. Sie werden trotzdem noch alles erledigen, was Ihnen wichtig ist, versprochen. Nur eben ohne Stress.

Frohe Weihnachten!

Lass uns mit den Schneeflocken tanzen, einen Schneemann bauen, Herzen in den Schnee stapfen, am Kamin sitzen und heißen Tee trinken!

Was ist Achtsamkeit?

Achtsamkeit ist eine Methode zur Stressbewältigung, die der amerikanische Biologe Jon Kabat-Zinn entwickelt hat. Er hat dies bereits in den späten 1970er-Jahren getan und nannte sein Programm MBSR, Mindfulness Based Stress Reduction. Oder auf Deutsch: Achtsamkeitsbasierte Stressreduktion. Seither hat sich hinsichtlich der Akzeptanz seiner Methode auch hierzulande einiges getan. Medizinische Studien weisen nach, dass Achtsamkeit eine heilsame Wirkung auf viele Probleme unserer Zeit haben kann. Stress und Erschöpfung, Depression, chronische Schmerzen, Süchte, Essstörungen und sogar Krebs können durch eine achtsame Lebensweise positiv beeinflusst werden.

Mehrwöchige MBSR-Kurse können Sie heute an Volkshochschulen und bei privaten Anbietern in fast jeder größeren Stadt besuchen. Selbst Krankenkassen bezuschussen die Kurse mittlerweile vielfach. Hierbei beschäftigen Sie sich intensiv mit dem Thema, lernen, zur Ruhe zu finden, indem Sie sich auf körperliche Empfindungen konzentrieren, bewusst zu atmen, zu meditieren. Und vor allem üben Sie, im Alltag achtsam wahrzunehmen, die Dinge zu akzeptieren, wie sie sind, ohne sich davon negativ beeinflussen zu lassen. Einfach in sich zu ruhen.

7

Besinnlichkeit auf Teufel komm raus?

Kalender haben etwas Magisches an sich. Mit einer Zeile, einem Kästchen oder einem Blatt verwandeln sie die Arbeitswoche ins Wochenende, Frühling in Sommer und den November in die Adventszeit. Wir Menschen hingegen sind von diesem Zauber mindestens einen Alltag entfernt. Wir können nicht einfach zwischen Stress und Vorfreude hin und her blättern. Wir sind auch keine Maschinen, deren Stimmung sich mit einem Schalter auf Besinnlichkeit stellen lässt. Gehen Sie es deshalb ruhig an. Nicht immer stellt sich das warme Gefühl der Weihnachtssaison ab dem 1. Dezember ein. Tasten Sie sich von Lichterkranz zu Lichterkranz, lauschen Sie sich von Weihnachtslied zu Weihnachtslied in den Advent – selbst wenn es bis Heiligabend dauern sollte. Unsere Seele ist der einzige Kalender, an dem wir die Zeit ablesen sollten.

24 Aufgabenpäckchen

Keine 24 Tage im Jahr gehen schneller vorüber als jene der Adventszeit. Angefüllt mit Besorgungen, Terminen und Plänen lassen sie uns manchmal kaum Zeit zum Atmen. Um den Überblick und die gute Laune zu behalten, kann es helfen, alle Erledigungen mithilfe eines Terminplaners, Notizhefts oder Kalenders in 24 Posten aufzuteilen – ähnlich wie bei einem Adventskalender. Freie Tage nicht vergessen! Ganz gleich, ob eine Grußkarte für einen alten Freund, die Sie kurz vor Weihnachten nur noch einwerfen müssen, der Geschenkkauf für die Mama oder die Planung des Weihnachtsessens – auf diese Weise können Sie Tag für Tag eine Kleinigkeit abhaken. So kommen Sie ganz entspannt am 24. Dezember an. Übrigens: Falls Sie die Möglichkeit haben, teilen Sie den Kalender mit Ihrer Familie. Das geht sogar, wenn Sie nicht zusammen wohnen. Denn eine Aufgabenteilung hilft noch besser gegen Stress und sie fördert das Gemeinschaftsgefühl.

Weihnachten hat viele Farben

Für zahlreiche Menschen ist Weihnachten eine sehr kreative Zeit. Gemütlich zu Hause bei Plätzchen, Tee und Weihnachtsmusik wird genäht, gemalt und gebastelt, was das Zeug hält. Meistens entstehen dabei liebevolle Geschenke, aber auch als Selbstzweck halten kreative Projekte viel Wertvolles für Sie bereit. Kreativ zu sein konzentriert die Gedanken, entspannt, Hektik und Stress fallen von Ihnen ab. Dafür muss es nicht gleich ein Pullover oder ein Ölgemälde sein – Ausmalbilder, wie Sie sie auch in diesem Buch finden, sind perfekt für kleine, achtsam-kreative Ruhepausen. Wenn Sie mögen, fangen Sie direkt auf dieser Seite an.

ADVENTSKALENDER

selber basteln

Ein Adventskalender bedeutet jeden Tag einen kleinen, vorweihnachtlichen Glücksmoment! Besonders viel Freude macht es, wenn der Kalender selbst gemacht ist – sowohl für den Bastler, als auch für den Beschenkten. Dafür ist auch gar

3	2	1
6	5	4
9	8	7
12	11	10

nicht viel Aufwand notwendig. Schneiden Sie einfach die Türchen hier aus und kleben Sie sie auf Päckchen oder Umschläge, die Sie z. B. mit achtsamen Lieblingszitaten, Denkanstößen, lieben Worten oder dem einen oder anderen kleinen Geschenk füllen.

Viel Spaß beim Basteln und Schenken!

15	14	13
18	17	16
21	20	19
24	23	22

FRUCHTIGER Lippenbalsam

Die perfekte Lippenpflege für die Weihnachtszeit! Mit diesem kleinen Pflegebegleiter wird die empfindliche Lippenhaut genährt und vor Umwelteinflüssen wie Heizungsluft, Klimaanlagen, kaltem Wind usw. geschützt. Samtig weiche, glatte und gesunde Lippen sind das Resultat. Ätherisches Orangenblütenöl verleiht der Pflege einen herrlich dezenten Duft. Auch prima als Geschenk geeignet – mit Liebe gemacht!

Zutaten

22 g Kakaobutter
10 ml Pflanzenöl, z. B. Jojobaöl
2 Tropfen ätherisches Neroliöl (Orangenblütenöl)

Herstellung

Die Kakaobutter in einem kleinen feuerfesten Gefäß (z. B. einem Becherglas) bei mittlerer Temperatur schmelzen. Das Pflanzenöl unterrühren und das Gefäß vom Herd nehmen. Abkühlen lassen, bis das Fettgemisch heller wird – ein Zeichen dafür, dass es aushärtet. Mit dem Neroliöl beduften. Nochmals verrühren, in ein kleines Döschen füllen und vollständig aushärten lassen.

Anwendung

Nach Belieben anwenden.

Haltbarkeit

Bei entsprechender hygienischer Verwendung beträgt die Haltbarkeit etwa sechs Monate.

TIPP

Sie können statt Jojobaöl auch Raps-, Oliven- oder Sojaöl verwenden oder den Duft variieren, z. B. mit ätherischem Pfefferminzöl, das für einen klaren Kopf sorgt, oder ätherischem Lavendelöl, das die Nerven beruhigt.

Der kleine Rahmen

Mit jeder Generation scheinen die Wege zwischen den Familienmitgliedern weiter zu werden. Und so ist das Weihnachtsfest oft eine der wenigen, aber regelmäßigen Möglichkeiten zusammenzukommen. Alljährlich stehen dabei die Fragen nach Ort, Zeit und Beherrschbarkeit des familiären Großprojekts im Raum, die nur allzu oft in Streit münden. So verlockend der Gedanke an abgehakte Verpflichtungen und der Wunsch nach Glück und Einträchtigkeit auch sein mögen: Haben Sie keine Angst davor, mit Traditionen zu brechen, wenn sie Ihnen nicht gut tun. Vielleicht fällt es Ihnen anfangs schwer, einen Besuch abzusagen. Erinnern Sie sich und Ihre Lieben daran, dass Weihnachten nicht die einzige Gelegenheit im Jahr ist, um sich zu sehen – an einem anderen Tag vielleicht sogar entspannter und ganz ohne Streit. Feiern Sie, wenn dies Ihr Wunsch ist, genussvoll im Kreise Ihrer engsten Familie oder sogar ganz in Ruhe allein. Und streuen Sie Besuche und kleine Feiern wie feine Gewürze über die verbleibenden Feste des Jahres.

Süßer die Töne nie klingen

Kaum eine Zeit ist so voller Musik wie die Wochen vor und um Weihnachten. Mit dem Erklingen der ersten vertrauten Melodien beginnt für viele von uns die Vorweihnachtszeit erst richtig. Und obwohl es alle Jahre wieder und auch schon last Christmas so manches unvermeidliche Weihnachtslied gibt, das vom Ohrwurm schnell zum unerträglichen Dauerbrenner wird: Nutzen Sie diese Zeit, um sich selbst (er)klingen zu lassen – finden Sie Ihren eigenen Weihnachtssound. Singen Sie, summen oder brummen Sie zu Hause und, wenn Sie mögen, auch mal in der Öffentlichkeit. Und zwar egal, ob Sie auf einer Bühne stehen könnten oder meinen, keinen Ton zu treffen. Denn beim Singen atmen Sie tief, die Lungen weiten sich, mehr Sauerstoff wird aufgenommen. Die Töne fließen durch Ihren Körper, bringen ihn zum Schwingen: Während Sie sich auf die Musik konzentrieren, hat kein schlechter Gedanke mehr eine Chance. Und vielleicht werden Sie spüren, dass gerade die einfach erscheinenden Melodien der Weihnachtsklassiker Ihr Herz und Ihre Seele am meisten rühren werden. O du Fröhliche …

Schön verpackt

Heute steht Geschenke einpacken auf dem Programm. Nicht meine Lieblingsaufgabe, aber ich mache es mir nett. Kann man ja schließlich auch achtsam und entspannt gestalten. Alles schön parat gelegt, jetzt noch ein bisschen Weihnachtsmusik. Ach nein, keine Musik, ich will mich ja ganz aufs Einpacken konzentrieren. Ruhig und gleichmäßig atmen.

Ich bin ganz entspannt, öffne meine Sinne, konzentriere mich auf das Hier und Jetzt. Dieses neue Geschenkpapier mit Strukturoberfläche fühlt sich toll an, ich streiche darüber, meine Fingerkuppen fühlen jede Erhebung, die Farben leuchten. Wofür ist das gedacht? Mamas Krimi. Über den wird sie sich bestimmt freuen. Den ersten Teil hat ihr ja ihre beste Freundin zum Geburtstag geschenkt. Das war auch ´ne Nummer damals …

Halt! Ich wollte ja einpacken. Ich platziere das Buch, jetzt nur noch Papier abschneiden. Wo ist denn jetzt die Schere? Ich hatte die doch eben noch! Das gibt's doch gar nicht!! Die muss doch – ah, da ist sie. Ok, ich atme wieder, tief ein und aus. Langsam das Papier schneiden, präzise falten, einschlagen, kleben.

Oh, das Handy piept. Das hatte ich doch abgestellt! Na, egal. Schnell draufgucken. Lena kann morgen nicht zum Yoga kommen, na super. Dann muss ich den Bus nehmen und den nächsten Termin auch umplanen. Wann war der nochmal?

Moment. Einpacken, ich wollte entspannt einpacken. Fehlt noch eine Schleife. Wo ist denn nun wieder die Schere hin? Band abmessen, es schlängelt sich durch meine Finger. Schön in Ruhe glatt streichen, rumwickeln, knoten und jetzt noch kräuseln. Eigentlich spannend, wie sich die Form des Bandes so einfach ändern kann. Ich folge den Bandspiralen mit den Augen. Fertig!

Sieht hübsch aus, ich bin zufrieden. Aber ob das nun achtsam war? Na ja, ich hab ja noch ein paar Geschenke zum Üben …

VERTRAUTES neu erschmecken

Den Aromen, dem Aussehen und den Düften von Lebensmitteln genau, in Ruhe und mit Genuss nachzuspüren ist ein sehr spannender und erfüllender Teil eines achtsamen Alltags. Was aber, wenn Sie, wie in der Weihnachtszeit, Dinge essen, die Sie schon hundert Male auf der Zunge hatten, deren Geschmack Sie in- und auswendig kennen? Konzentrieren Sie sich ganz auf Ihren Geschmacks- und Geruchssinn, indem Sie die Augen schließen. Noch interessanter wird es, wenn Sie Bekanntes verändern. Wie wäre es dieses Jahr mit Aprikosen-Quark-Stollen mit Marzipan statt des üblichen Rosinenstollens? Und mit selbstgemacht statt beim Lieblingsbäcker oder im Supermarkt gekauft? Genuss beginnt beim Backen! Nehmen Sie sich Zeit und führen Sie jeden Schritt entspannt und ohne Ablenkung aus.

Für 1 Stollenform von 30 cm Länge

Für den Teig
200 g weiche Butter
100 g Zucker
Salz
3 Tropfen Bittermandelaroma
2 Eier
250 g Quark
500 g Mehl
1 Päckchen Backpulver
50 g Amarettini
100 g gehackte Mandeln

Für die Füllung
100 g getrocknete Aprikosen
200 g Marzipanrohmasse

Außerdem
Mehl für die Arbeitsfläche und die Form
Fett für die Form
150 g Butter zum Bepinseln
100 g Puderzucker zum Bestäuben

1. Den Backofen auf 200 °C vorheizen. Ein Backblech mit Backpapier belegen. Butter mit Zucker, 1 Messerspitze Salz und dem Bittermandelaroma schaumig rühren. Eier einzeln hinzuquirlen. Den Quark unterrühren. Mehl mit Backpulver mischen und über den Teig sieben. Die Amarettini zerkrümeln und mit den Mandeln zum Teig geben. Alles zu einem glatten Teig kneten. Abgedeckt bis zur weiteren Verwendung kühl stellen.

2. Die Aprikosen fein hacken und mit dem Marzipan verkneten. Zu einer ca. 30 cm langen Rolle formen. Den Teig auf einer bemehlten Arbeitsfläche 30 x 30 cm groß ausrollen. Die Aprikosenfüllung auf den Teig legen und diesen mit ihr aufrollen. Mit der Naht nach oben in die gut gefettete und mit Mehl ausgestäubte Stollenform legen. Dann auf das Backblech stürzen, dabei die Form darauf belassen.

3. Den Stollen für ca. 10 Minuten auf der mittleren Schiene backen, anschließend die Temperatur um 20 °C reduzieren und weitere 45 Minuten backen. 10 Minuten vor Ende der Garzeit die Stollenform vorsichtig abnehmen.

4. Nach einer Stäbchenprobe den heißen Stollen sofort mit der Hälfte der zerlassenen Butter bepinseln und mit der Hälfte des Puderzuckers bestäuben. Den Stollen auskühlen lassen und diesen Vorgang wiederholen. Den Stollen an einem kühlen Ort aufbewahren und am besten innerhalb 1 Woche verzehren.

18

MEIN WUNSCHZETTEL

Neben allem, was Sie an Heiligabend selbst unter den Baum legen oder darunter zu finden hoffen, haben Sie vielleicht noch so einige Wünsche für die Weihnachtszeit, die sich nicht in Geschenkpapier verpacken lassen. Wie wäre es dafür mit einem Wunschzettel? Welche Wünsche haben Sie an die kommenden Wochen, damit die Adventszeit für Sie so schön, harmonisch, aufregend und/oder fröhlich wird, wie Sie es sich erhoffen? Vielleicht lassen sie sich ja leichter umsetzen, als Sie denken?

Analoge Adventszeit

Mehr noch als im restlichen Jahr gilt in der Adventszeit und gerade an den Feiertagen: Stecker raus. Klar, E-Mail und soziale Netzwerke sind praktisch, um sich zu informieren und in Kontakt zu bleiben. Auch Weihnachtsgrüße lassen sich schnell und unkompliziert absetzen. Aber wer ständig erreichbar und täglich der Welle scheinbar glücklicher Familien-Selfies, hochtrabender Absichtserklärungen, perfekter Weihnachtsbaumfotos und unbedingt auszuprobierender veganer Festtagsrezepte ausgesetzt ist, verliert schnell den Blick dafür, was ihm eigentlich selbst wichtig ist. Gönnen Sie sich deshalb gerade in der emotional aufgeladenen Weihnachtszeit immer mal wieder eine Pause von der digitalen Welt – und vom Weihnachten der anderen.

Wie die Zeit vergeht

Wenn Ihnen mal alles über den Kopf wächst, hilft die Natur. Das heißt nicht, dass Sie homöopathische Mittelchen schlucken sollen. Es ist viel einfacher: Gehen Sie raus. So oft es geht und wann immer das Wetter es zulässt. Kaum etwas ist befreiender als ein Spaziergang durch den Park oder auf einem Feldweg zwischen endlosen Wiesen und Feldern. Schauen Sie, wie die Welt in der Spiegelung eines Sees Kopf steht, atmen Sie tief die frische Luft ein. Wie fühlt sich das an? Wie ist die Lichtstimmung? Gerade in der Adventszeit können Sie bewusst den Übergang von Herbst zu Winter und das spürbare Kürzerwerden der Tage miterleben. Vielleicht suchen Sie sich einen oder mehrere Lieblingsorte oder prägnante Dinge – sei es ein altehrwürdiger Baum, eine überwachsene Mauer oder ein (selbst gebauter) Schneemann – und erklären Sie sie zu Ihren persönlichen Zeitwächtern. Machen Sie so oft es geht zur selben Tageszeit ein Foto Ihrer „Wächter". An Heiligabend können Sie dann über die Veränderungen in Ihrem einzigartigen Weihnachtszeitalbum staunen.

Lichterspiele

Der Dezember an sich ist ein karger Monat, der weder mit dem jungen Grün des Frühlings noch dem goldenen Licht des Sommers oder dem Farbenrausch des Herbstes dienen kann. Selbst Schnee ist in den gemäßigten Breiten, wenn überhaupt, dem neuen Jahr vorbehalten. Doch so trist die Tage des Dezembers auch sein mögen, so hell erleuchtet sind seine Nächte! Keine andere Zeit des Jahres wird in ihrer Gestaltung stärker von menschlicher Hand bestimmt. Nicht mehr allein Mondlicht, Sterne und Straßenlaternen erhellen die dunklen Stunden, sondern zunehmend das Lichtermeer der Dekorationen. Klar, nicht jeder mag leuchtende, nickende Rentiere im Vorgarten und, wenn wir mal ehrlich sind, übertreiben es manche Weihnachtsdekofans vielleicht ein bisschen mit drei Meter hohen Schneemännern und Lasershow an der Hauswand. Aber geschmäcklerische Fragen beiseite bleibt es doch ein spaßiger Zeitvertreib, während Spaziergängen oder Autofahrten die Zahl der Tannenbäume zu schätzen und die Farbexplosionen an mancher sonst so langweiligen Fassade zu bewundern. Nehmen Sie sich die Zeit, genau hinzuschauen. Denn schließlich ist dies auch ein Barometer für die von Tag zu Tag wachsende Vorfreude der Menschen. Ganz gleich wie dunkel es um Sie herum sein mag, es gibt immer ein Licht, das Sie suchen oder selbst entzünden können.

Eine Frage

Was war das Schönste am Weihnachten Ihrer Kindheit?

BODY-SCAN

Eine der grundlegenden Körperübungen der MBSR ist der Body-Scan. Die Übung dient dazu, bewusst jeden Teil des eigenen Körpers zu spüren, indem man ihn gedanklich von den Füßen bis zum Kopf entlangwandert bzw. scannt. Dies schult die Wahrnehmung des eigenen Körpers, beruhigt und entspannt. Möglicherweise spüren Sie beim ersten Versuch noch nichts. Bleiben Sie dran: Übung macht auch hier den Meister. Versuchen Sie, diese kurze Körperübung immer mal wieder in Ihren Tag einzubauen, z. B. vor dem Schlafengehen.

1. Legen Sie sich flach auf den Boden, etwa auf eine Yogamatte oder eine weiche Decke. Die Arme liegen neben dem Körper, die Handflächen sind nach oben geöffnet. Die Füße liegen hüftbreit auseinander.

2. Tun Sie eine Zeitlang nichts, außer tief und gleichmäßig zu atmen. Spüren Sie, wie Bauch und Brust sich bei jedem Atemzug heben und wieder senken.

3. Starten Sie nun mit dem Scan bei Ihrem rechten Fuß. Spüren Sie in Ihre Zehen. Stellen Sie sich vor, wie Ihr Atem bis in die Zehenspitzen fließt.

4. Lassen Sie jetzt Ihre Aufmerksamkeit langsam wandern. Scannen Sie von den Zehen hoch zum rechten Unterschenkel und über den Oberschenkel bis zur Hüfte. Danach wiederholen Sie alles mit dem linken Bein.

5. Spüren Sie dann auf die gleiche Weise dem Rest Ihres Körpers nach. Beginnen Sie mit den Armen bei den Fingerspitzen und scannen Sie bis zu den Schultern, danach folgen der Rumpf und schließlich der Kopf. Zuletzt visualisieren Sie den Scheitelpunkt.

6. Verbleiben Sie noch ein paar Minuten ruhig in der flachen Liegeposition und atmen Sie wie in Schritt 2 tief ein und aus, ein und aus …

Kleine Zeitgeschenke

Zeit ist der wahre Wohlstand der modernen Welt, denn bei vielen Menschen ist sie rar, besonders die Zeit für sich. Allerdings sind wir zum Teil selbst nicht ganz unschuldig an diesem Zeitmangel. Es gibt, so scheint es, immer etwas zu erledigen, besonders in der Adventszeit. Und wenn wir uns mal mit unserem neuen Buch eine halbe Stunde in den Sessel kuscheln, haben wir gleich ein schlechtes Gewissen. Warum eigentlich? Schließlich weiß doch jeder, dass der Mensch Pausen braucht. Stehlen Sie sich also nicht selbst die Zeit für Schönes, auch und besonders wenn Ihre Aufgabenliste endlos erscheint. Denn schließlich wird eine endlose Liste von einer kurzen Ruhepause nicht länger, oder? Machen Sie sich und Ihren Lieben stattdessen kleine Zeitgeschenke – und zwar nicht erst an Heiligabend. Wenn nötig, nehmen Sie Zeit für sich in Ihre To-do-Liste und Ihren Kalender auf. Es muss nicht gleich ein ganzer Tag im Wellnesstempel sein. Genießen Sie ein entspannendes Bad, lesen Sie ein interessantes Buch, gehen Sie mal wieder ins Kino. Schenken Sie Einsamkeit, Zweisamkeit und Gemeinsamkeit. Schenken Sie (sich) Zeit, denn sie ist das wertvollste Geschenk überhaupt. Ihre Liste abarbeiten können Sie auch danach noch – und zwar mit neuem Schwung und frischer Kraft!

VOM SPIELFELDRAND

Nirgendwo ist der Trubel vor Weihnachten größer als in den Einkaufsmeilen. Unzählige Menschen eilen kopflos auf den letzten Drücker durch überfüllte Gassen, jagen Schnäppchen und Geistesblitzen hinterher. Von friedlicher Besinnlichkeit ist keine Spur mehr.

Spätestens wenn Sie spüren, dass auch Sie der allgemeine Stresspegel mitreißt: Treten Sie zur Seite. Wortwörtlich. Ganz gleich ob im Kaufhaus, auf der Straße oder auf einem Adventsbasar. Halten Sie inne, beobachten Sie für eine kurze Weile sich selbst – indem Sie die Menschen um sich herum beobachten. Sind Sie etwa eben noch genauso gehetzt und genervt von einem Geschäft zum nächsten gehastet? Wo bleibt da die Achtsamkeit? Nehmen Sie drei tiefe Atemzüge, ordnen Sie Ihre Gedanken und kehren Sie zur Gelassenheit zurück. Jetzt kann es weitergehen.

Sterne und Blüten

Am 4. Dezember ist in der römisch-katholischen und der griechisch-orthodoxen Kirche der Tag der heiligen Barbara. Der Legende nach blieb ein Kirschbaumzweig am Gewand der später heiliggesprochenen Frau hängen, den sie im Gefängnis in ein Gefäß mit Wasser stellte, wo er am Tag ihres Todes erblühte. Mitten im Winter ein kleines Wunder. Noch heute werden an diesem Tag in vielen Haushalten Obstbaum- oder Strauchzweige zum Erblühen ins Haus geholt. Bis Heiligabend sollen sie die Wohnung mit ihren Blüten schmücken. Am besten haben die Zweige dafür schon einmal Frost bekommen – notfalls in der Tiefkühltruhe –, danach werden sie schräg angeschnitten und in (lauwarmes) Wasser gestellt, das alle paar Tage ausgewechselt wird.

Ob mit oder ohne Blüte: Noch hübscher sieht so ein Strauß Zweige aus, wenn Sie ihn weihnachtlich mit Sternen schmücken. Nehmen Sie sich eine kleine kreative Auszeit. Mit Papierstrohhalmen lassen sich viele tolle Dinge basteln! Wenn Sie mögen, verzieren Sie Ihre Vase gleich mit.

Größen: Vase 10,5 cm breit, 17 cm hoch, Stern-Anhänger 11 × 12 cm

Material

Für 1 Stern-Anhänger

3 Papierstrohhalme in Schwarz-Weiß gemustert, je 19,7 cm lang
Bakers Twine in Schwarz-Weiß, 26 cm lang
Holzkugel in Schwarz, ø 1,5 cm
Basteldraht, 0,3 mm stark, 30 cm und 60 cm lang

Für die Vase

Glasvase oder Glas mit geraden Wänden, hier ø 6 cm, 17 cm hoch
Papierstrohhalme in Schwarz-Weiß-gemustert, hier 22 Stück

Außerdem

Cutter und Schneideunterlage
Kneifzange
Heißkleber

Anleitung Stern-Anhänger

1. Die drei Strohhalme in je sechs gleich große Stücke schneiden (à 3,3 cm Länge). Sechs Stücke auf das 30 cm lange Drahtstück fädeln und zu einem Sechseck formen. Enden fest zusammendrehen. Überstehende Drahtenden kürzen und in die Halme schieben.

2. Ein Ende des 60 cm langen Drahtstücks zwischen zwei Strohhalmstücken des Sechsecks befestigen. Zwei weitere Strohhalmstücke auffädeln, dann den Draht nah hinter dem zweiten Strohhalmstück einmal eng um den nächsten Zwischenraum wickeln. Die erste Sternzacke ist fertig. Noch fünf Mal wiederholen.

3. Nach dem sechsten Zacken den Draht fest um den nächsten Zwischenraum wickeln, überstehendes Drahtende kürzen und in einen Halm schieben.

4. Den Bakers Twine in eine Sternspitze einfädeln, eine Holzkugel aufziehen und die Schnurenden mit einem Knoten verbinden.

Anleitung Vase

1. Mit dem Cutter jeden Strohhalm in der Mitte zur Hälfte einschneiden und knicken.

2. Je nach Vasenhöhe evtl. die Strohhalme in der Länge etwas kürzen. Für die hier verwendete Vasengröße wurden die Halme um 1 cm gekürzt.

3. Die Halme nun Stück für Stück oben und unten mit Heißkleber an der Vase fixieren. Dabei werden die Halme automatisch etwas geknickt. Darauf achten, dass die mittig eingeschnittene Stelle bei allen Halmen nach außen zeigt!

TIPP

Fädeln Sie beim Gestalten der Zacken zwischen den zwei Strohhalmstücken kleine, farblich passende Holzkugeln mit auf. Zum Aufhängen den Bakers Twine dann durch eine der bereits integrierten Holzkugeln fädeln.

26

Jeder Bissen ein Geschenk

Man kann es heute kaum glauben, aber gerade im deutschen Sprachraum war die Adventszeit ursprünglich eine Zeit des Fastens. Keine Angst, dies wird kein Vorschlag, bis Heiligabend auf Süßes zu verzichten! Schließlich lieben wir Weihnachten heute nicht zuletzt aufgrund der vielen Köstlichkeiten dieser Zeit. Jedoch ist es allzu leicht, von all den Plätzchen, Stollen und Co. wie von einer Lawine überrollt zu werden.

Um den Genuss nicht aus den Augen zu verlieren, treten Sie öfter mal einen Schritt zurück und picken sich eine Schneeflocke aus der Lawine heraus. Oder anders gesagt: Lieber ein einzelnes Plätzchen ein paar Minuten lang auf der Zunge zelebrieren als fünf Stück in ein paar Sekunden herunterschlingen. Am besten einen heißen Weihnachtstee dazu und ein paar Minuten Ruhe, schon wird eine adventliche Mini-Auszeit daraus. Denn Geschmack entsteht in Mund und Nase. Der Magen selbst kennt keinen Genuss.

„WEIHNACHTEN IST KEIN ZEITPUNKT UND KEINE JAHRESZEIT, SONDERN EINE GEFÜHLSLAGE."

Calvin Coolidge, 30. Präsident der USA (1872–1933)

Atmen Sie durch

Im Alltag ist unsere Atmung häufig sehr oberflächlich, speziell bei Aufregung und Anspannung. Einige tiefe Atemzüge, bewusst ausgeführt, wirken hier Wunder. Die nachfolgend beschriebene tiefe Bauchatmung verbessert die Versorgung mit Sauerstoff, entspannt und beruhigt. Ideal, um runterzukommen, wenn die Bratäpfel gerade verbrannt sind und die Schwiegereltern mal wieder zu früh zum Adventskaffee vor der Tür stehen. Und natürlich auch zur Vorbeugung von Stress. Alles halb so wild. Atmen Sie durch!

1. Stehen Sie aufrecht, mit gerader Wirbelsäule, weil Sie nur dann wirklich frei atmen können. Atmen Sie langsam und tief ein und lassen Sie zu, dass sich der Bauch dabei nach außen wölbt. Lassen Sie anschließend die Luft in Ihren Brustkorb strömen.

2. Atmen Sie langsam und gleichmäßig aus. Zur Unterstützung der Ausatmung ziehen Sie die Bauchmuskulatur leicht zusammen, der Bauch sinkt wieder ein und der Brustkorb entspannt sich. Ein- und Ausatmung sind gleich lang.

3. Wiederholen Sie Schritt 1 und 2. Mindestens zehn tiefe Atemzüge sollten es schon sein. Bleiben Sie dabei, solange Sie sich wohlfühlen. Sie können die Übung mehrfach täglich in Ihren Alltag einbauen. Lieber öfter als zu selten.

Die kleinen Adventsmomente zählen

Ein besonders schöner Stern in einem Fenster, ein zauberhaft beleuchteter Vorgarten, eine liebe Grußkarte von unerwarteter Seite: Die Vorweihnachtszeit steckt voller wunderbarer, kleiner Momente. Leider nehmen wir sie häufig kaum wahr, blicken nur kurz auf und lassen Stern und Vorgarten hinter uns, legen die Grußkarte auf den Stapel wegzusortierender Post. Keine Zeit, später.

Dabei sind es gerade diese kleinen Augenblicke, für die es sich lohnt, einen Moment innezuhalten. Einmal richtig hinzuschauen, statt nur einen Blick zu werfen. Denn so werden schöne Augenblicke erst wirklich schön. Und das Gute dabei: Wenn wir uns die Momente aussuchen und genießen, die uns mit Freude erfüllen, laufen wir weniger Gefahr, vom Meer an Eindrücken überwältigt zu werden. Diese kleinen Adventsmomente sind Felsen in der Brandung, die dafür sorgen, dass die unwichtigeren Dinge an uns vorbeischwappen, ohne uns mit sich zu ziehen.

Ein leerer Platz

Eine kleine Weihnachtsgeschichte

Die Wurzeln seiner Familie reichen tief und weit nach Schlesien. Wenngleich er selbst keinen Kontakt mit diesem Zweig seiner Verwandtschaft hatte, packte ihn irgendwann die Neugier. Also kam er einem schon vor langer Zeit ausgesprochenen Wunsch nach und folgte einer Einladung zum Weihnachtsfest. Der Empfang war herzlich, obwohl oder – wie er später lernte – gerade weil er im Grunde ein Fremder war. Zwar beherrschte er weder die Sprache noch die Bräuche, aber mit Händen, Füßen und viel Lachen fanden sie doch ein Auskommen.

Als schließlich der Weihnachtsabend gekommen war und er sich an den gedeckten Tisch setzte, bemerkte er ein auffallend reiches, aber herrenloses Gedeck. Er zählte die anwesenden Gäste und Gastgeber noch einmal nach, stellte aber fest, dass es, selbst als der erste Gang bereits aufgetragen war, unbenutzt blieb. Da eine ebenfalls von Ferne angereiste Freundin der Familie und er schon in den Tagen zuvor ein Auge aufeinander geworfen hatten, wollte er ihr eine Freude bereiten und nutzte einen Moment ihrer Abwesenheit, um ihr Gedeck gegen das weit kostbarere auszutauschen. Von diesem Augenblick an wirkte die allgemeine Stimmung seltsam gedrückt. Erst am nächsten Morgen erklärte man ihm versöhnlich, der Platz sei nicht leer gewesen, sondern mit all jenen besetzt, die noch kommen könnten, nicht kommen können oder einen Stuhl an der Tafel verdienten. Das Gedeck sei wichtiger als alle anderen.

Seither gelten seine Gedanken und Wünsche an Weihnachten vor allem jenen, die nicht mit uns feiern.

Red-Seligkeit

„Reden ist Silber, Schweigen ist Gold“ – wenn wir dieser Redensart folgen wollen, sollten wir nicht auf weiße Weihnachten, sondern auf silberne den größten Wert legen. Beim Familienstreit, der irgendwie immer damit beginnt, dass der Baum schief steht, scheint es sich nämlich seit jeher um eine der hartnäckigsten Weihnachtstraditionen zu handeln. Und in den allermeisten Fällen ist er (unter anderem) eine Folge schweigender Zurückhaltung im falschen Moment. Man will die Harmonie nicht stören, es ist ja schließlich Weihnachten, und behält lieber für sich, was einen stört. Sowieso denken ja alle immer nur an sich! Wozu also etwas sagen? Stopp. Hören Sie schon im Vorfeld der Adventszeit und spätestens jetzt einander achtsam zu. Beschäftigen Sie sich nicht schon in Gedanken mit Ihrer Antwort oder eigenen Ärgernissen, sondern seien Sie voll für Ihr Gegenüber da. Keine Angst, auch Sie werden an die Reihe kommen. Und wenn Sie dann gestehen möchten, dass Sie Kartoffelsalat und Würstchen in Wahrheit gar nicht mögen – tun Sie es! Wer weiß, vielleicht geht es den anderen ja genauso. Es kommt trotzdem zu Unstimmigkeiten? Macht nichts – niemand ist perfekt, auch an Weihnachten nicht. Und das ist das beste Geschenk von allen.

Weniger ist mehr

Weihnachtszeit ist Backzeit. Vor allem eifrige Mütter und Omas begraben die Feiertage, die Geschmacksknospen und die Hüften der ganzen Familie gern und mit viel Liebe unter süßen Bergen aus Vanillekipferl und Butterkeksen. Eigentlich backen Sie ebenfalls gern, aber in den letzten Jahren ist daraus immer mehr ein zeit- und energieraubender Backmarathon geworden? Auch, wenn es manchmal so scheint: Es gibt keine Vorschrift, mindestens fünf verschiedene Plätzchen ansteigenden Schwierigkeitsgrads backen zu müssen, um Familie, Freunde und Kollegen zu beeindrucken. Schnappen Sie sich lieber witzige Ausstecher oder testen Sie neue Geschmacksrichtungen und backen Sie nach Lust und Laune nur ein bis zwei Sorten.

Und falls Ihnen doch nach mehr zumute ist: Wie wäre es mit einem Plätzchentausch? Verabreden Sie sich zu gemütlicher Runde, jeder bringt seine selbst gemachten Backwerke mit und dann wird munter verteilt. Wenn Sie mögen, bauen Sie zuvor eine kleine Sinnesübung ein und widmen jeder Sorte ein wenig Zeit, indem Sie sie mit geschlossenen Augen nur an Geruch und/oder Geschmack zu erkennen versuchen.

Was wirklich zählt

Weihnachtsmarktbesuch, Freunde treffen, Familie besuchen, Geschenke kaufen, Stollen backen, besinnlich sein, Dekorausch, Weihnachtsfeier, Kirche, Festessen – die Advents- und Weihnachtszeit ist erfüllt von Ereignissen und Aufgaben, die einfach zu diesen schönen Wochen dazugehören.

Tun sie das? Was macht für Sie die Weihnachtszeit zur Weihnachtszeit? Schreiben Sie hier Ihre liebsten Weihnachtsrituale auf. Die, die Sie wirklich glücklich und rundum wohlig weihnachtlich machen. Und wenn ein paar „typische" Dinge nicht auf Ihrer Liste stehen, erinnern Sie sich immer mal wieder daran, dass man auch – und besonders – zur Weihnachtszeit nichts müssen muss.

DREI MINUTEN ACHTSAMKEIT

Die folgende Übung können Sie jeden Tag machen, am besten immer zur gleichen Zeit und am gleichen Ort. Sie gehört zu den grundlegenden Übungen, mit denen Sie sich der Achtsamkeit nähern können. Weil sie nur kurz ist und in drei einfachen Schritten ausgeführt wird, wird sie auch die 3-Minuten-Übung genannt. Stellen Sie nach Möglichkeit sicher, dass Sie während der Übung nicht gestört werden.

1. Stellen Sie sich aufrecht hin, schließen Sie die Augen und halten Sie inne. Ganz einfach, ganz ruhig. Wie fühlt sich Ihr Körper an? Spüren Sie in ihn hinein.

2. Jetzt sammeln Sie Ihre Aufmerksamkeit und widmen sie Ihrem Atem. Einatmen, Pause, Ausatmen – nehmen Sie jeden Teil der Atmung bewusst und intensiv wahr.

3. Atmen Sie weiter und weiten Sie Ihre Wahrnehmung dem Atem folgend. Ihr gesamter Körper, all Ihre Gefühle zu diesem Zeitpunkt, all Ihre Sinneseindrücke. Spüren Sie allen Eindrücken nach und geben Sie ihnen Raum. Beenden Sie die Übung, wann es Ihnen richtig erscheint.

Engelsflügel-Kekse

Engel gelten das ganze Jahr über vielen Menschen als ein Symbol für Glück, Schutz und Hoffnung. Zur Weihnachtszeit ist dies noch verstärkt, denn laut der Bibel waren es immerhin die Engel, die die Geburt des Jesuskindes, des christlichen Heilands, verkündeten. Daher sind diese Plätzchen nicht nur beim Backen und Genießen etwas Schönes, sondern auch ein besonders liebevolles Geschenk aus der Küche. Verleihen Sie Ihren Geschmacksknospen Flügel!

Für ca. 35 Stück

Für den Teig
300 g Mehl
100 g gemahlene Mandeln
200 g weiche Butter
3 Eigelb
150 g Puderzucker
1 Prise Salz
2 Tl abgeriebene Schale von 1 unbehandelten Zitrone

Zum Verzieren
125 g Lemon Curd
100 g weiße Kuvertüre
75 g Kokosraspel

Außerdem
Engelsflügel-Ausstecher

1. Alle Teigzutaten in eine Schüssel geben und glatt verkneten. Zwischen zwei Lagen Backpapier ca. 2 mm dick ausrollen. Dann zwischen dem Backpapier belassen und für ca. 1 Stunde kühl stellen.

2. Den Backofen auf 180 °C vorheizen. Die obere Backpapierlage abnehmen und ein Blech damit belegen. Mit Engelsflügel-Ausstechern so viele Flügel wie möglich ausstechen und auf dem Blech verteilen. Den restlichen Teig zusammenkneten und nochmals dünn ausrollen. Bis zur weiteren Verwendung nochmals kühl stellen.

3. Die Engelsflügel auf der mittleren Schiene ca. 8 Minuten backen, bis sich die Ränder goldbraun färben. Herausnehmen und auf dem Blech auskühlen lassen. Dann auf eine Arbeitsplatte legen. Den restlichen Teig ausstechen und ebenfalls etwa 8 Minuten backen. Auskühlen lassen.

4. Auf die Hälfte der Plätzchen etwas Lemon Curd streichen und jeweils zwei Flügel damit zusammenkleben. Die weiße Kuvertüre hacken und unter Rühren im Wasserbad zerlassen. Dann die Oberseite eines Flügels damit bepinseln und auf den noch weichen Guss Kokosraspel streuen, sodass die Flügel vollkommen bedeckt sind. Aushärten lassen, dann kühl aufbewahren.

Bei Kerzenlicht betrachtet

Voll Vorfreude auf das Weihnachtsfest entzünden wir jeden Sonntag eine neue Kerze am Adventskranz. Doch auch unter der Woche, in kleinen, stillen Momenten, vielleicht zu einer Meditation oder einfach zu einem ruhigen Abendessen ist Kerzenlicht etwas Wunderbares. Mit der folgenden Bastelanleitung gestalten Sie kleine Teelichthüllen aus Filz, die bestens als Advents-Mitbringsel geeignet sind. Wählen Sie die Farben nach Ihren Wünschen aus, werden Sie, wenn Sie mögen, auch beim Muster kreativ (siehe Tipp). Wenn Sie sich ganz Ihrem Tun widmen, kann Basteln eine tolle Entspannungsübung sein. Das Ergebnis ist nicht „perfekt"? Egal, das stört niemanden.

Größe: hier ca. 31 x 8 cm, bei einem Durchmesser von ca. 9 cm

Material

je 1 x Bastelfilz, 3,5 mm stark, in Ecru, Rosa und Pink, 30 x 7,5 cm
Teelichtgläser, zylindrisch
6 Kunststoffdruckknöpfe in Rosa
Zange für die Druckknöpfe
Lineal
Maßband
Transparentpapier
Bleistift
Pappe, DIN A4
Sprühkleber
Lochzange mit Hebelübersetzung
Cutter

Anleitung

1. Umfang und Höhe der Teelichtgläser messen und die Maße mit dem Lineal auf einen Bogen Transparentpapier übertragen. Dabei rechts und links jeweils 1,5 cm für den Über- und Untertritt dazugeben.

2. Das Papier auf die Motivschablone legen, das Muster nach gewünschter Anordnung platzieren und übertragen.

3. Die Papierschablone mit der Rückseite nach oben auf eine Pappe legen und leicht mit Sprühkleber benebeln, etwas antrocknen lassen und auf den Filzzuschnitt legen. Gut andrücken.

4. Mit der Lochzange die Löcher der Reihe nach ausstanzen. Anschließend das Papier entfernen.

5. Als Verschluss 2 Druckknöpfe an den offenen Kanten anbringen. Da der Filz recht dick ist, vorher für jeden Druckknopf ein kleines Loch mit der Lochzange vorstanzen.

Vorlage

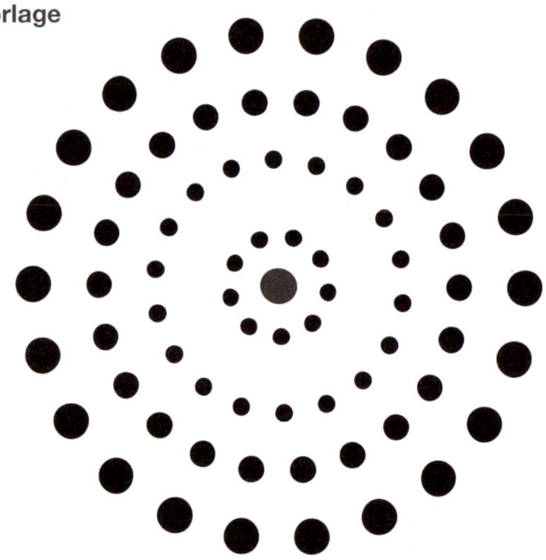

TIPP

Mit der Schablone lassen sich unterschiedliche Muster erstellen. Dazu einfach eine Reihe weglassen oder nur Halbkreise übertragen und diese versetzt anlegen. Sie können auch eigene Motive entwerfen und z. B. Texte oder Initialen in den Filz stanzen. Wer keine Lochzange mit Hebelübersetzung hat, sollte vorher einen Test machen und gegebenenfalls einen dünneren Filz wählen.

Entspannt wie eine Katze

Diese Yogaübung nennt sich „die Katze“ oder auch *„Marjariasana“*. Die Katzenposition mobilisiert die gesamte Wirbelsäule vom Hals bis zu den Lenden, verbessert die Durchblutung der Rückenstrecker (das sind die Muskeln rechts und links des unteren Rückgrats) und lockert die Muskulatur zwischen den Schulterblättern. Es liegt auf der Hand, wie diese Übung zu ihrem Namen gekommen ist: Die geschmeidige Bewegungsabfolge gleicht der einer Katze und deren typischem „Katzenbuckel“ beim genüsslichen Strecken. Machen Sie es wie die Katze – gehen Sie wohlig relaxt durch die Weihnachtszeit.

1. Begeben Sie sich in den Vierfüßerstand (Hände unter den Schultern und Knie unter den Hüftgelenken). Richten Sie Ihren Blick nach unten und halten Sie den Kopf in Verlängerung der Wirbelsäule.

2. Atmen Sie tief ein und gehen Sie dabei in ein leichtes Hohlkreuz. Beim anschließenden Ausatmen drücken Sie Ihre gesamte Wirbelsäule nach oben und lassen dabei den Kopf locker nach unten hängen. Richten Sie die Bewegungsgeschwindigkeit nach dem Tempo Ihrer Atmung.

3. Gehen Sie dreimal von der Ausgangsstellung in den Katzenbuckel und zurück.

TIPP

Die Katze ist eine Übung, die jedermann ausführen kann, sofern nicht akute Bandscheibenbeschwerden vorliegen. Wichtig ist, dass Sie sich behutsam an die Dehnung herantasten und sich dabei nicht ruckartig bewegen. Der Rücken sollte gleichmäßig gewölbt sein, d. h. einen wohlgeformten Halbkreis beschreiben. Das ist nicht immer so einfach, wie es scheint. Es macht Sinn, wenn Sie sich dabei zur Kontrolle im Spiegel beobachten.

Mit allen Sinnen

Wie wäre es, wenn Sie den in der Weihnachtszeit viel gehörten Begriff „besinnlich" einmal wörtlich nähmen? Öffnen Sie Ihre Sinne. Schließen Sie im Kaufhaus, auf der Straße oder im Wohnzimmer kurz die Augen. Was riechen und hören Sie? Spüren Sie die Kälte des Winters oder das weiche Sofa unter Ihnen? Riechen Sie den Duft des Adventskranzes? Wie viele verschiedene Geräusche gibt es auf dem Weihnachtsmarkt? Gehen Sie mit offenen Augen durch die Adventszeit und achten Sie auf die kleinen Details im bunten Treiben. Die Aufregung der Kinder, die Lichter in den Bäumen und die Melodien in der Luft. Atmen Sie den Duft eines heißen Kaffees, Tees oder Kakaos tief ein, bevor Sie ihn trinken, und kosten Sie jeden Bissen einer Süßigkeit aus. Lauschen Sie dem Knirschen des Schnees oder dem Tröpfeln des Regens und dem Pfeifen des Windes. Vielleicht werden Sie die Wochen vor Weihnachten bald mit ganz anderen Augen sehen – und hören und riechen und schmecken.

Zeit für zwei

Wussten Sie, dass in Japan seit den 1980er-Jahren der Heiligabend für Paare zum Anlass genommen wird, sich kennenzulernen? Während eines Rendezvous oder eines gemeinsamen Spaziergangs vor weihnachtlicher Kulisse werden Geschenke, Blicke und Worte ausgetauscht. Und bei uns? Wann hatten Sie zuletzt in der Weihnachtszeit einen ruhigen Moment nur zu zweit? Sei es mit dem Partner, der besten Freundin oder der Schwester: Es muss nicht gleich ein Theaterbesuch oder gar ein Wochenendtrip sein. Kochen Sie ein gemeinsames Essen, gehen Sie in die Sauna oder einfach für ein Stündchen zum Reden aufs Sofa. Ganz ohne Weihnachtstrubel – und mit einem achtsamen, offenen Ohr für Ihr Gegenüber. Erlauben Sie sich bei diesem vertrauten Menschen eine Pause davon, im Hinterkopf stets auf der Suche nach einer scharfsinnigen Antwort oder eigenen witzigen Geschichte zu sein. Lauschen Sie einfach nur, fragen Sie nach. Wer weiß, vielleicht erfahren Sie dabei ja sogar einen bislang geheim gehaltenen Geschenkewunsch!

Badeplätzchen

Diese Weihnachtsplätzchen sind ganz und gar kalorienfrei, denn sie kommen nicht in den Mund, sondern in die Badewanne oder in ein wohlig-warmes Fußbad. Genau das richtige nach einem ausgedehnten Geschenkebummel oder langem Stehen auf dem Weihnachtsmarkt.

Zubereitungszeit: ca. 20 Minuten

Zutaten

125 g Badesalz, unbeduftet, z. B. aus der Drogerie
35 g Natron
15 g Maisstärke
12 g Kokosfett
20 g Glycerin
15 g destilliertes Wasser
5 g Parfümöl „Christmas Spice“ (oder nach Wunsch)

TIPP

Wer die Badeplätzchen etwas aufregender gestalten will, kann sie einfärben oder mit Zusatzstoffen wie Kräutern und Blüten versehen.

Anleitung

1. Alle Zutaten abwiegen und bereitstellen. Badesalz, Natron und Maisstärke in einer Schüssel mischen. Das Kokosfett langsam schmelzen.

2. Geschmolzenes Kokosfett, Glycerin, Wasser und das Parfümöl zum Salz-Natron-Gemisch gießen. Alles gut mischen. Die Textur sollte wie die von nassem Sand sein.

3. Einen Teller mit Backpapier auslegen. Den Teig in Form von Klecksen auf das Backpapier geben und etwas flach drücken, sodass „Plätzchen“ entstehen. Dabei ist zu beachten, dass sich die Plätzchen noch minimal ausdehnen werden. Den Teller in den Kühlschrank stellen.

4. Nach einer Weile durch leichten Druck testen, ob die Oberfläche der Plätzchen fest ist. Sind die Plätzchen fest, vorsichtig vom Backpapier entfernen. Weitere 10 Minuten liegen lassen.

5. Kühl und trocken lagern und beim nächsten (Fuß-)Bad ins warme Wasser geben.

Weihnachten ist auch im Hochsommer

Man vergisst leicht, dass Weihnachten, wie wir es kennen, keineswegs überall auf der Welt in der dunklen Kälte des Winters stattfindet. So feiern beispielsweise die Menschen in Australien und Neuseeland nicht viel anders als wir – nur eben im Sommer und am Strand. Wie sich das wohl anfühlen würde? Wer das Glück einer weihnachtlichen Reise auf die Südhalbkugel hat, wird dort ein für uns ausnehmend exotisches Fest erleben können. Doch auch eine gute Portion Kopfkino genügt, um zu erkennen, dass Weihnachten nicht durch Frost und hübsche Weihnachtsbeleuchtung zu dem wird, was es ist. Weihnachten ist, wenn wir uns mit jenen Menschen, Gedanken und Wünschen umgeben, die wir ganz nah bei uns wissen wollen – egal ob bei minus 3 oder plus 30 Grad.

KLEINE DUFTMEDITATION

Viele Menschen verbinden Weihnachten mit typischen Düften wie Zimt, Nelken, Glühwein oder dem harzigen Holz der Tannenbäume. Gerade in Einkaufspassagen und Geschäften verschmelzen diese Gerüche jedoch zu einer undefinierbaren und beinahe unerträglichen Flut von Sinneseindrücken.

In Ruhe zu Hause können Sie dem Düftewirrwarr entfliehen und sich stattdessen den Reiz einzelner (Lieblings-)Düfte bewahren. Spicken Sie z. B. eine Orange mit Nelken, entzünden Sie eine Duftlampe mit weihnachtlichen Ölen oder ein Räucherstäbchen, reiben Sie Ihre Finger an Tannenzweigen oder schnuppern Sie an ofenfrischen Plätzchen. Es gibt viel für Ihre Nase zu entdecken! Ganz gleich, wonach Ihnen der Geruchssinn steht, schließen Sie die Augen, kommen Sie zur Ruhe und atmen Sie durch die Nase ein und durch den Mund wieder aus. Lassen Sie den Weihnachtsduft durch Ihren Körper fließen und allen Stress fortspülen.

Heißer Genuss

Ein heißes Getränk wärmt Körper und Seele, es schmeckt gut, die Wärme entspannt und wenn Sie in Ruhe genießen, können Sie die danach anstehenden Aufgaben gleich mit neuer Gelassenheit angehen. Oder ganz relaxt in den Feierabend starten. Fürs gemütliche Weihnachtsfeeling gibt es heute heißen Apfelpunsch mit Sahne.

Für 2 Portionen

50 ml Sahne
500 ml klarer Apfelsaft
1–2 Gewürznelken nach Geschmack
abgeriebene Schale von ¼ einer unbehandelten Orange
½ Zimtstange
½ roter Apfel
½ El Honig
Zimtpulver zum Bestäuben

1. Die Sahne mit dem Handrührgerät steif aufschlagen und kalt stellen. Den Apfelsaft in einen Topf geben, die Gewürznelken, die Orangenschale und die Zimtstange zugeben und aufkochen. Durch ein Sieb passieren und wieder in den Topf geben.

2. Den Apfel vierteln und entkernen. Die Apfelviertel in kleine Würfel schneiden. Die Apfelwürfel in den Punsch geben und 5 Minuten ziehen lassen. Den Honig einrühren. Den Punsch in Tassen oder Gläser füllen und jeweils 1–2 Esslöffel geschlagene Sahne daraufgeben. Mit etwas Zimt bestäuben.

TIPP

Wer es etwas süffiger mag, gibt noch 2 El Calvados dazu. Statt der Apfelwürfel können Sie in jede Tasse auch 1 eingelegten Kirschapfel aus der Dose geben.

Vierundzwanzig gute Taten

Kleine Glücksmomente erfreuen das Herz sowohl desjenigen, der sie erlebt, als auch das des Verursachers, wenn es einen gibt. Wie wäre es, wenn Sie einmal selbst zum Adventskalender werden, indem Sie jeden Tag ein kleines Stück Glück verteilen? Versenden Sie Grußkarten an unverhoffte Empfänger, spenden Sie kleine Beträge an hilfsbedürftige Personen, Tafeln oder Hilfsorganisationen, schenken Sie verdienten Menschen eine süße Aufmerksamkeit, ein freundliches Wort, eine Umarmung oder ein Kompliment. Erwarten Sie keine Dankbarkeitsbezeugungen, erfreuen Sie sich einfach nur an der Freude und Überraschung der anderen. Egal, ob Sie anonym bleiben oder jemanden durch Ihre Taten inspirieren, und ganz gleich, wie klein oder groß das verschenkte Glück ist: Wertschätzen Sie jeden Moment, denn er bedeutet für mindestens einen Menschen wahre Weihnacht – Sie selbst.

„Fröhlich soll mein Herze springen dieser Zeit, da vor Freud alle Engel singen."

Paul Gerhardt
deutscher evangelischer Theologe und Kirchenliederdichter (1607–1676)

Ein Jahr Weihnachten

Der größte Stressfaktor in der Weihnachtszeit ist die Weihnachtszeit selbst – und zwar, weil sie viel zu kurz ist. Auch wenn 24 Tage nicht unbedingt nach einem Wimpernschlag klingen, so beginnen viele Menschen mit den Vorbereitungen für das Fest und vor allem für den Gabentisch erst unmittelbar vor – manchmal sogar an – Heiligabend. Gründe dafür sind selten Müßiggang oder Fehlplanung, sondern schlicht der ganze Rest des alltäglichen Lebens, der ja nicht plötzlich wie von Zauberhand verschwindet.

Um dem zu entgehen, schnappen Sie sich nächstes Jahr Ihren Kalender und planen Sie jeden Monat eine Kleinigkeit ein, die Sie bereits für Weihnachten erledigen können: Geschenke kaufen, Menü festlegen, Dekoration sortieren usw. Das mag Ihnen alles wie ein Tropfen auf den heißen Stein vorkommen, aber in der Summe wird es Ihnen eine große Last von den Schultern nehmen.

AKZEPTANZ

Die Dinge so nehmen, wie sie sind. Das sagt sich leicht. Ein hehres Ziel, das sich im Alltag nicht immer leicht durchhalten lässt. Es ärgert uns doch so einiges, an uns und auch an anderen. An den Menschen, mit denen wir uns im Gedränge der Einkaufsstraße, im Büro, beim Weihnachtskonzert in der Schule auseinandersetzen müssen. Aber auch an Freunden und Verwandten, die sich nicht so verhalten, wie wir das in dieser Zeit von ihnen erwarten und für richtig halten.

Akzeptieren heißt nicht gutheißen. Es bedeutet aber, Dinge, die man nicht ändern kann, hinzunehmen und sich nicht daran abzuarbeiten. Es bedeutet, anderen ihre guten Gründe einzuräumen, die uns womöglich für immer verschlossen bleiben. Die Wahrheit stellt sich für jeden etwas anders dar und die eigene ist nicht die einzig gültige, auch nicht in der Weihnachtszeit.

Meine liebsten Weihnachtsmenschen

In der Weihnachtszeit treffen wir gefühlt zahllose Menschen: Kollegen auf der Weihnachtsfeier, Freunde und Bekannte am Glühweinstand, Verwandte an den Feiertagen und viele mehr. Dabei sind es meist nur einige wenige Menschen, die für uns zu einem wichtigen Teil Weihnachten zu dem machen, was daran so schön ist. Wer sind Ihre liebsten Weihnachtsmenschen? Mit wem möchten Sie dieses Jahr unbedingt Zeit verbringen? Tun Sie es einfach. Denn es ist vollkommen in Ordnung, den x-ten Weihnachtsmarktbesuch mit der Clique abzusagen, um sich mit der Oma ganz entspannt zum Kaffee zu treffen.

DER GLÜCKLICHE PECHVOGEL

Eine kleine Weihnachtsgeschichte

Die spanische Weihnachtslotterie mit ihren singenden Glücksfeen ist eine der ältesten und bekanntesten Lotterien der Welt. Sie hat schon viele große und kleine Geschichten hervorgebracht, doch 2011 ereignete sich eine ganz besondere. In jenem Jahr nämlich gewann ein ganzes Dorf. Alle Einwohner Sodetos hatten ein Los gekauft und freuten sich jeweils über ca. 50.000 EUR. Genauer gesagt, alle Einwohner bis auf einen: Costis Mitsotakis, ein griechischstämmiger Mann, der seiner Freundin vor Jahren ins spanische Hinterland gefolgt war. Nicht dass er das Geld auf seinem maroden Bauernhof nicht hätte gebrauchen können. Es war auch ihm ein Rätsel, warum er kein Los gekauft hatte. Dennoch wollte er keine Almosen und zunächst machte es auch den Anschein, dass er keine zu erwarten hatte. Doch mit der Zeit häuften sich Vorkommnisse wie eine von Unbekannten beglichene Autoreparatur oder ein sehr guter Verkaufspreis für ungenutztes Land. Der Pechvogel ist heute ein glücklicher Mann. Nicht der anonymen Aufmerksamkeiten wegen, sondern aufgrund der Erkenntnis, dass Glück keine Frage von richtigen Losnummern in der Weihnachtslotterie ist, sondern der Gewissheit, nicht allein zu sein.

Bleiben Sie achtsam für Ihre Mitmenschen. Meistens ist es ganz leicht: Schenken Sie ein Lächeln, ein wenig Ihrer Zeit, ein offenes Ohr oder was sonst gerade gebraucht wird. Opfern Sie sich dabei nicht auf, sondern lauschen Sie in sich hinein und finden Sie heraus, was Sie geben können – welchen Teil Ihres Lottogewinns Sie entbehren möchten. Und befreien Sie sich von dem Gedanken, es könnte nicht genug sein: Jeder kann einen Unterschied machen – egal wie groß oder klein.

ROSINENTRÜFFEL

Konsistenz, Geruch und Geschmack einer einfachen Rosine ganz genau und intensiv nachzuspüren, ist eine klassische Achtsamkeitsübung. Für die Weihnachtszeit geht das auch mal mit Trüffeln! Wie fühlen sie sich im Mund an, welche Geschmacksnoten eröffnen sich, wie schmilzt die Schokolade, entfalten sich die Haselnussaromen? Nehmen Sie sich ein paar Minuten Zeit für eine kleine Trüffelmeditation. Hervorragend auch als Geschenk geeignet!

Für ca. 60 Stück

200 g gemahlene Haselnüsse
300 g Rosinen
1 unbehandelte Orange
200 g Kokosfett
3 El Honig
250 g Cashewmus
50 g Kakaopulver
½ Tl Zimt
200 g gehackte Haselnüsse

1. Die gemahlenen Haselnüsse in einer Pfanne ohne Fett leicht rösten. Vom Herd nehmen und abkühlen lassen. Die Rosinen klein hacken. Die Orange heiß waschen, trocken tupfen und 2 Teelöffel Schale dünn abreiben.

2. Das Kokosfett mit dem Honig zerlassen. Das Cashewmus unterrühren. Das Kakaopulver mit dem Zimt und den gerösteten Haselnüssen mischen und ebenfalls unterrühren. Die Orangenschale und die gehackten Rosinen hinzugeben und alles gleichmäßig vermengen. Die Masse ca. 2 Stunden abgedeckt kühl stellen, bis sie wieder ganz fest ist.

3. Die gehackten Haselnüsse in einer Pfanne goldgelb rösten. Vom Herd nehmen und abkühlen lassen. Mit einem Teelöffel aus der im Kühlschrank gekühlten Masse Nocken abstechen. Diese zügig mit möglichst kalten Händen zu Kugeln formen. In den gehackten Haselnüssen wälzen, sodass die Kugeln rundum bedeckt sind. Die Rosinentrüffel bis zum Verzehr im Kühlschrank aufbewahren.

TIPP

Für eine schnelle Geschenkverpackung einfach aus einem ausreichend großen Stück Backpapier eine Tüte drehen und im oberen und unteren Drittel je einmal rundum mit Masking-Tape mit Weihnachtsmotiv fixieren.

Wechselatmung

Die Sanskritbezeichnung dieser Übung – *Nadi Shodhana* – drückt aus, dass mit der Wechselatmung die sogenannten Nadis gereinigt und harmonisiert werden. Gemeint sind „feinstoffliche Kanäle", die den ganzen Körper durchziehen und in denen die Lebensenergie (Prana) fließt. Die Wechselatmung soll Lebensenergie speichern und den Geist beruhigen. Lassen Sie sich viel Zeit bei der Übung und machen Sie sie möglichst ungestört.

1. Schließen Sie mit dem Daumen der rechten Hand das rechte Nasenloch und atmen Sie langsam und tief aus.

2. Atmen Sie durch das freie linke Nasenloch tief ein und schließen Sie dann mit dem Ringfinger der rechten Hand auch das linke Nasenloch. Halten Sie den Atem an und zählen Sie bis acht. Lösen Sie den Daumen vom rechten Nasenloch und atmen Sie vollständig aus.

3. Atmen Sie nun durch das rechte Nasenloch tief ein, schließen Sie dann mit dem Daumen das rechte Nasenloch, halten Sie den Atem wie beschrieben an und lösen Sie dann den Ringfinger vom linken Nasenloch zum Ausatmen.

4. Jetzt wieder links einatmen und den Zyklus von vorn anfangen. Beginnen Sie mit sechs Wiederholungen der vier Phasen. Steigern Sie mit der Zeit die Intensität, wiederholen Sie die Phasen jedoch nicht öfter als zehnmal. Das Ein- und Ausatmen sollte auf beiden Seiten etwa gleich lang sein.

TIPP

Sollten Sie bei der Wechselatmung Schwindel spüren, gehen Sie wieder zu einer normalen Atmung über. Bei Schnupfen oder verstopfter Nase sollten Sie auf diese Übung verzichten.

WINTERSONNENWENDE

Am 21. Dezember ist astronomischer Winteranfang, also der Beginn des Teils des Jahres, den wir gerne auch als die „dunkle Jahreszeit“ bezeichnen. Ab jetzt ist es viele Wochen lang düster, kalt und oft auch noch nass und windig. Selbst dem achtsamsten Menschen hilft da nur noch, sich zu Hause zu verkriechen und mürrisch zu sein, oder?

Tatsächlich ist die Nacht vom 20. auf den 21. Dezember die dunkelste des Jahres. Das bedeutet, von nun an werden die Tage wieder länger! Deshalb feierten die Menschen in vorchristlicher Zeit diesen Tag der sogenannten Wintersonnenwende als Rückkehr des Lichts. Mit den Jahrhunderten verschmolz dieser Feiertag mit dem Weihnachtsfest. Denn für gläubige Menschen symbolisiert die Geburt Jesu ebenfalls den Start in etwas Neues und Wunderbares. Wenn Sie sich also im Winter mal wieder von der Sonne im Stich gelassen fühlen, bleiben Sie aufmerksam für die guten Momente und nutzen Sie, wenn Sie können, jeden Sonnenstrahl für einen Spaziergang. Denn auch der scheinbar dunkelste Tag ist heller als der vorangegangene. Ein paar Minuten. Jeden Tag.

O Tannenbaum

In den meisten Familien bildet der Weihnachtsbaum gewissermaßen den dekorativen Mittel- und Höhepunkt der Festtage. Immer wieder schön, aber meistens auch immer wieder das gleiche. Lernen Sie Ihren Baum doch mal neu kennen, indem Sie ihn dieses Jahr ganz anders schmücken. Überlegen Sie sich ein Farbschema und hängen Sie nur den dazu passenden Schmuck aus Ihrem Vorrat auf. Auch alternativer Schmuck wie Obst, Gebäck oder selbst gebastelte, befüllbare kleine Täschchen liefern neue Impulse. Nehmen Sie sich Zeit, legen Sie Ihre Lieblingsweihnachtsmusik auf und genießen Sie den Tannenduft. Oder wie wäre es mal mit einem kleinen Baum samt Wurzeln, dem Sie nach den Feiertagen ein neues Leben in Garten oder Wald schenken können? Oder Sie machen gleich den ganzen Baum selbst, wie es in baumarmen Gegenden wie Island oder den friesischen Inseln lange Tradition ist. Es muss ja kein Zweimeterbaum sein …

Baumrinden-Tannenbäumchen

Basteln mit Naturmaterial hat immer etwas besonders Schönes und Ursprüngliches. Zudem ist es nachhaltig und stets sehr individuell, da man die Materialien meist selbst sammelt, statt sie im Laden zu kaufen. Vielleicht verbinden Sie die Materialsuche mit einem Naturspaziergang? Haben Sie diese Möglichkeit nicht, sind neben Hobbyfachmärkten auch Baumärkte oft eine gute Materialfundgrube.

Größe: ca. 17 x 12 cm

Material

Pro Baum

ca. 20 Baumrindenstücke, ca. 5 mm stark, gebrochene, nicht gesägte Kanten, in verschiedenen Größen, ca. 120 x 120 mm bis 15 x 15 mm
Astscheibe, ø ca. 4 cm, 3 cm stark
Drahtstück, ø 2 mm, 18 cm lang
1 Sternanis
Acrylfarbe in Weiß
3 Naturpapierstreifen in Weiß oder zart gemustertem Pastell, je 3 cm breit, 21 cm lang
Kordel in Weiß, 1,5 m lang

Außerdem

Acrylpinsel, Gr. 6
Handbohrer, ø 1,5 mm und ø 2 mm
Heißkleber
Säge
Klebefilm
dicke Nähnadel

Anleitung

1. Mit dem Handbohrer, ø 1,5 mm, ein ca. 1 cm tiefes Loch mittig in die Astscheibe bohren und den Draht in das Loch stecken. Auf diesen Draht werden später die Rindenstücke aufgesteckt.

2. In jedes Rindenstück mittig ein Loch mit dem Handbohrer, ø 2 mm, bohren. Vorsicht, die Rindenstücke brechen leicht beim Bohren. Es hilft, eine weiche Unterlage beim Bohren zu verwenden, z. B. ein altes Handtuch, und von der Rinden-Innenseite aus zu bohren.

1

3. Sind alle ca. 20 Rindenstücke durchbohrt, am Sockel beginnend die Stücke auf den Draht stecken – die großen zuerst, die kleinen ganz oben. Ca. 1 cm vor dem Drahtende mit dem kleinsten Rindenstück enden.

4. Den Sternanis von außen mit der weißen Acrylfarbe bemalen. Trocknen lassen. Dann den Stern mit wenig Heißkleber am überstehenden Draht an der Spitze des Baumes befestigen.

5. Für die Sternchengirlande die sechs Papierstreifen je sieben Mal in gleichmäßigem Abstand falten, sodass kleine Quadrate, 3 x 3 cm, entstehen. Die Sternvorlage auf das gefaltete Papier übertragen und ausschneiden. Sie haben jetzt sieben Sterne zur Hand. Je nach Papierstärke die Papierlagen reduzieren, um sie besser ausschneiden zu können.

6. Wenn 21 Sterne ausgeschnitten sind, mithilfe der dicken Nähnadel die Sterne auf die weiße Kordel auffädeln. Die Girlande oben am Draht der Tannenbaumspitze mit einem Knoten befestigen und um das Bäumchen schlingen.

Vorlage Stern Girlande

REISMILCH-ZIMT-FUSSBAD

Fußpflege wird allzu häufig vernachlässigt. Dabei verrichten unsere Füße täglich Schwerstarbeit, schließlich lastet unser ganzes Körpergewicht auf ihnen – und in der Vorweihnachtszeit noch das Gewicht all der Einkaufstüten voller schöner Geschenke, die wir beim Stadtbummel erstanden haben. Ganz zu schweigen von stundenlangem Stehen in der Kälte auf dem Weihnachtsmarkt! Mit diesem entspannenden Fußbad können Sie Ihren Füßen etwas zurückgeben und sie verwöhnen: mit durchblutungsförderndem, weihnachtlich duftendem Zimt und angenehmer Reismilch.

Zutaten

100 g Zuckerrübensirup
2 El Zimtpulver
250 ml Reismilch

Herstellung

Eine Wanne für das Fußbad und zwei Handtücher (für Hände und Füße) bereitstellen. Den Zimt in den Zuckerrübensirup rühren. In einem Topf die Reismilch auf ca. 36 °C erwärmen, dann in die Wanne für das Fußbad füllen.

Anwendung

Ein bis drei Mal wöchentlich. Beide Füße mit der Zuckerrübensirup-Zimt-Mischung einreiben, in die warme Reismilch tauchen und 15 Minuten entspannen. Danach die Füße abreiben und sanft trocknen. Eine anschließende Ruhezeit von 30 Minuten ist ratsam.

Haltbarkeit

Das Fußbad sollte sofort angewendet werden.

Info

Bei offenen Wunden wie Blasen sollte das Fußbad nicht angewendet werden.

Ein warmes Fußbad sollte bei ca. 36 °C genossen werden. Es fördert die Durchblutung, hilft bei Schlafstörungen, ist entspannend und entkrampfend. Ein kaltes Fußbad fördert ebenfalls die Durchblutung und regt den Stoffwechsel an. Die Maximaltemperatur beträgt 18 °C.

GESCHENKEINSPIRATION LEICHT GEMACHT

Weihnachten ist die Zeit der Wünsche. Komisch, dass so viele Erwachsene sich trotzdem bemühen, Freunde und Familie – außer vielleicht die Kinder – auf jeden Fall überraschen zu wollen. Überraschungen können etwas Schönes sein! Aber wenn man nicht gerade schon seit Ende des Sommers die zündende Idee mit sich herumträgt, bedeuten Überraschungsgeschenke vor allem Stress für den Schenkenden. Und je weiter der Dezember fortschreitet, desto größer die Mischung aus fehlender Inspiration und Torschlusspanik.

Wie wäre es, dieses Jahr auf das alles zu verzichten? Schlagen Sie Ihren Lieben doch mal vor, Wunschzettel zu schreiben. Wie als Kind. Beschränken Sie sich dabei nicht in Inhalt und Form. Egal ob handgelettert oder auf einer Onlineplattform zusammengeklickt und -getippt: Es kann großen Spaß machen, wirklich alle Wünsche aufzulisten. Gehen Sie in sich, nehmen Sie sich Zeit. Welche heimlichen Wünsche schlummern in Ihnen? Eine neues Waffeleisen, ein Ferienhaus in Schweden, mehr Zeit mit Tante Anna, weiße Weihnachten mit Schlittenfahren? Hieraus lassen sich viele schöne und, ja, auch überraschende Geschenkideen machen. Zum Beispiel ein Gutschein für einen Nachmittag mit der Tante bei schwedischem Apfelkuchen. Oder einen Ausflug zur Sommerrodelbahn. Nicht vergessen: Ein bisschen Absprache braucht so ein Wunschzettel trotzdem – sonst steht Cousine Carolin am Ende mit sieben Waffeleisen da.

HENRY VAN DYKE
Autor (1852–1933)

Meine Weihnachtszeit

Vielerorts ist das Weihnachtsfest im praktischen Sinne recht streng auf Heiligabend plus zwei weitere Tage festgelegt. Die Adventszeit mitsamt Nikolaus bildet sozusagen den inoffiziellen Vorlauf und am 27. Dezember ist alles vorbei. Mit weihnachtlichen Gefühlen kommt man dabei manchmal kaum hinterher. Dabei geht es auch ganz anders: Die vielleicht längste Weihnachtszeit pflegen die Philippiner. Hier wird schon ab September/Oktober mit den Vorbereitungen begonnen und die Festlichkeiten enden erst Anfang Januar. Heiligabend wird durchgefeiert, die Straßen sind hell erleuchtet, die Menschen besuchen sich gegenseitig, am 25. Dezember gibt es dann Bescherung.

Wann beginnt Ihre ganz persönliche Weihnachtszeit? Anfang September mit dem Erscheinen der ersten Spekulatiuspaletten beim Discounter? Oder vielleicht erst am 24. Dezember im Weihnachtsgottesdienst? Auch wenn Ihre Umgebung bereits im Spätsommer am Badesee die ersten Lebkuchen verputzt: Lassen Sie sich nicht hetzen. Nur Sie allein entscheiden über den Zeitpunkt und die Dauer Ihrer Weihnachtszeit.

Die Post ist da!

Mails, Textnachrichten, kurze Anrufe: Heutzutage ist es sehr leicht, ständig in Kontakt mit seinen Mitmenschen zu stehen. Briefe auf Papier, verschickt mit der „Schneckenpost", stehen da kaum noch auf dem Kommunikationsprogramm. Dabei kann es so schön sein, einen Brief zu bekommen – und zu schreiben. Besonders auch zur Weihnachtszeit. Nehmen Sie sich eine ruhige Minute, setzen Sie sich mit einem schönen Briefpapier oder einer hübschen Grußkarte hin und seien Sie in Gedanken ganz bei der Person, der Sie schreiben möchten. Was möchten Sie ihr erzählen oder wünschen? Welche Neuigkeiten haben Sie zu berichten, was möchten Sie vielleicht gerne wissen? Wer einen Brief schreibt, überlegt sich dessen Inhalt und auch die Formulierung ganz genau. Eben mal die „Rückgängig"-Taste drücken oder alle Schuld der Autokorrekturfunktion in die Schuhe schieben geht nämlich nicht. Und so wird der handgeschriebene, mit Liebe verfasste Text zu einem besonders schönen Weihnachtsgruß. Also – schreiben Sie doch mal wieder! Zum Beispiel eine der Postkarten zum Ausschneiden und Basteln auf der nächsten Seite.

WEIHNACHTSPOST ZUM AUSSCHNEIDEN

Die Postkarte habe Sie ganz schnell gebastelt. Alles, was Sie brauchen, sind eine Schere, etwas Klebstoff – am besten Sprühkleber – und ein Stück Fotokarton in passender Farbe und Größe (etwas größer als die Postkarte). Einfach die Postkarte hier im Buch entlang der Linien ausschneiden, auf der Rückseite flächig und dünn mit Klebstoff bestreichen oder mit Sprühkleber dünn einsprühen (alte Zeitung o. Ä. unterlegen). Dann auf den Fotokarton kleben. Trocknen lassen, anschließend entlang der Postkartenränder nochmals ausschneiden. Hübsch sieht es auch aus, wenn Sie statt einer normalen Schere eine Motivschere verwenden und damit den Fotokarton ein Stück neben dem Postkartenrand abschneiden. Briefmarke und Grußworte drauf und ab zur Post!

Die Postkarte habe Sie ganz schnell gebastelt. Alles, was Sie brauchen, sind eine Schere, etwas Klebstoff – am besten Sprühkleber – und ein Stück Fotokarton in passender Farbe und Größe (etwas größer als die Postkarte). Einfach die Postkarte hier im Buch entlang der Linien ausschneiden, auf der Rückseite flächig und dünn mit Klebstoff bestreichen oder mit Sprühkleber dünn einsprühen (alte Zeitung o. Ä. unterlegen). Dann auf den Fotokarton kleben. Trocknen lassen, anschließend entlang der Postkartenränder nochmals ausschneiden. Hübsch sieht es auch aus, wenn Sie statt einer normalen Schere eine Motivschere verwenden und damit den Fotokarton ein Stück neben dem Postkartenrand abschneiden. Briefmarke und Grußworte drauf und ab zur Post!

RUHE IM STURM

Lange Kassenschlangen, dudelnde Weihnachtsmusik und Verkäufer am Rande des Nervenzusammenbruchs: So stellt sich vielerorts das vorweihnachtliche Innenstadtgeschehen kurz vor Heiligabend dar. Menschen eilen mit ausgefahrenen Ellenbogen durch die mürrischen Massen. So vieles muss noch organisiert und erledigt werden, da ist kein Platz für Höflichkeit und Rücksicht.

Zumindest mag es mancher so empfinden. Verlieren Sie auch in dieser Situation die Achtsamkeit nicht aus den Augen. Nutzen Sie in Warteschlangen die gewonnene Zeit, um die Menschen zu beobachten oder die Dekoration zu bewundern, statt wie alle anderen unruhig nach vorn zu starren, um zu sehen, warum es nicht vorangeht. Denn, wenn wir mal ehrlich sind, davon geht es auch nicht schneller, aber Ihre Nerven leiden umso mehr. Rufen Sie sich in Erinnerung, dass Sie hier sind, weil Sie jemandem eine Freude machen wollen. Wenn möglich, planen Sie eine Pause ein, im Café, auf dem Weihnachtsmarkt. Und denken Sie daran, dass es allen anderen genauso geht wie Ihnen. Also atmen Sie durch und freuen sich über den Nächsten, der sich vordrängelt: Fünf weitere gewonnene Minuten, um in der Warteschlange leise Weihnachtslieder zu summen.

Ich komme nicht mit

Für viele ist das ein Satz, der schwer auszusprechen ist. Die Clique will am Freitagabend den neuesten Blockbuster gemeinsam im Kino anschauen, eine Freundin sucht nach einer Begleitung zu einer Weihnachtsparty, das Kollegenteam macht nach Feierabend noch einen Abstecher zum Glühweinstand. Das sind so schöne Gelegenheiten, Beziehungen und Freundschaften zu pflegen.

Aber was, wenn man einfach spürt, dass die Woche schon voll genug war und man einen freien Abend braucht, dass man zu viel im Kopf hat und einfach nur zu Hause auf dem Sofa sitzen und ein wenig in die Leere starren möchte? Wer diese Bedürfnisse hat, ist kein Langweiler und kein Spielverderber. Schließlich geht es im Leben auch darum, Dinge entweder voll und ganz zu tun oder sie bleiben zu lassen, wenn es nicht passt. Man kann lernen, mit den eigenen Kräften zu haushalten. Deshalb darf eine Unternehmung auch mal ohne Sie stattfinden – selbst zur Weihnachtszeit. Wer sich ehrlich entschuldigt, dem sehen die anderen nach, dass er oder sie Zeit für sich braucht. Um beim nächsten Mal wieder mit ganzem Herzen dabei zu sein.

Glühwein

Kaum ein anderes Getränk ist so typisch für Weihnachten wie Glühwein. Man muss sich dafür aber nicht auf dem Weihnachtsmarkt von den Besucherströnen herumschieben lassen. Glühwein können Sie ganz leicht selbst machen und, vielleicht mit Freunden, zu Hause oder bei einem Winterpicknick genießen.

Für 3 Portionen

500 ml kräftiger Rotwein * 1 cl brauner Rum * 1,5 El Brombeersaft * 1 El brauner Zucker * ½ Bio-Orange * 2 Gewürznelken * 1 Zimtstange * 1 Sternanis * ½ Tl Spekulatius-Würzmischung * ½ Stück unbehandelte Zitronenschale * 1 kl. Messerspitze Orangenschalenaroma

1. Rotwein, Rum und Brombeersaft erhitzen, aber nicht kochen lassen. Zucker darin auflösen.

2. Orange waschen, trocken tupfen und in Scheiben schneiden.

3. Gewürze, Zitronenschale, Orangenschalenaroma und Orangenscheiben in den Punsch geben, 10 Minuten weitererhitzen und gelegentlich umrühren.

4. Punsch auf 3 Gläser verteilen und mit den Orangenscheiben dekoriert servieren.

TIPP

Statt Rotwein können Sie auch roten Traubensaft verwenden und den Rum weglassen. Da der Traubensaft sehr süß ist, können Sie auf den braunen Zucker ebenfalls verzichten.

Markttreiben

Es gibt wahnsinnig schöne, traditionsreiche, große oder kleine Weihnachtsmärkte, deren Erleben nicht unbedingt durch die Flut an Besuchern geschmälert wird, sondern durch die Flut unserer eigenen Besuche. Wie oft und auf wie viele Märkte gehen Sie in der Adventszeit? Zwei, drei? Viermal, fünfmal? Vielleicht mehr, vielleicht häufiger. Auf einen Glühwein oder weil es auf dem Weg liegt. Dabei ist es mit Weihnachtsmärkten wie mit Geschenken und Festessen: Wird ein bestimmtes Maß überschritten, wird aus Vergnügen Achtlosigkeit oder gar Widerwille. Besuchen Sie stattdessen einfach jedes Jahr lediglich ein oder zwei unterschiedliche Weihnachtsmärkte, aber diese nur einmal und mit viel Zeit. Schenken Sie dabei jedem Stand Aufmerksamkeit, kosten Sie vieles und erleben Sie das bunte Treiben mit allen Sinnen. Wirkung ist immer auch eine Frage der Dosis.

Weihnachten den Unsichtbaren

Vom Weihnachtsfest geht immer eine besondere Magie aus, eine Erhabenheit und Fröhlichkeit, die anderen Zeiten im Jahr abgeht. Dieses selige Gefühl ist schwer greifbar, aber vielleicht können Sie ja selbst ein wenig Weihnachtszauber heraufbeschwören? Machen Sie es etwa den Skandinaviern nach, die eine Schüssel Hafergrütze auf dem Dachboden oder vor der Tür aufstellen – und zwar für die nordischen Weihnachtswichtel, die sogenannten Nissen, unermüdliche Helfer des Weihnachtsmanns. Oder Sie folgen dem estnischen Brauch, das übrig gebliebene Weihnachtsessen über Nacht stehen zu lassen, da man glaubt, die Geister der Verwandten, Bekannten und Freunde, die beim Fest nicht anwesend sein konnten, kämen in dieser Zeit zu Besuch, um sich satt zu essen. Und dann gibt es da ja noch den Weihnachtsmann, dem man einen Teller Kekse hinstellt, von dem er sich bedienen kann, wenn er klammheimlich die Geschenke bringt.

Egal, ob Sie diese Dinge für kindischen Aberglauben halten oder nicht: Solche kleinen Rituale verleihen der Fantasie Flügel und dem Weihnachtsfest eine magische Note. Und vielleicht kommt ja doch ein Wichtel vorbei? Bleiben Sie achtsam.

DIE SCHÖNSTEN GESCHENKE ALLER ZEITEN

Was waren die schönsten, witzigsten, liebevollsten, originellsten Geschenke, die Sie im Lauf der Jahre zu Weihnachten bekommen haben? Und warum? Was war das Besondere an ihnen? Haben sie Sie fröhlich, traurig, aufgeregt gestimmt? Was verbinden Sie noch heute damit? Machen Sie eine Liste. Möglicherweise fallen Ihnen sofort fünf Dinge ein. Vielleicht werden Sie auch ein paar Überraschungen erleben.

Nicht so wichtig

Leider vergeuden wir größere Teile unseres Lebens damit, unsere Gedanken um ein Problem kreisen zu lassen. (Zu doof, dass Onkel Robert sich als Einziger weigert, einen Wunschzettel zu schreiben!) Manchmal sogar nur um ein potenzielles Problem, das vielleicht gar nicht eintreten wird. (Was, wenn das Päckchen nicht rechtzeitig ankommt?) Die Stimmung ist dabei des Öfteren leicht getrübt, weil etwas im Tages- oder Wochenplan gerade nicht so läuft, wie wir uns das vorstellen.

Bei Licht betrachtet, schränkt eigentlich fast immer etwas das Befinden ein, weshalb es eigentlich sinnlos ist, auf den Tag zu warten, an dem sich alle Sorgen aufgelöst haben und alle Aufgaben erledigt sind. Denn nach Heiligabend kommt ja noch die Silvesterplanung, dann hat vielleicht schon wieder jemand Geburtstag usw. Da dieser sorgenfreie Tag also ohnehin so schnell nicht eintreten wird, ist es doch viel schöner, öfter mal zu sagen: „Nicht so wichtig! Ich nehme die Situation so, wie sie gerade ist." Und Onkel Robert einfach einen Buchgutschein zu schenken.

Eine Frage

Was ist für Sie der schönste Moment an Heiligabend?

Vom Nikolaus zum Weihnachtsmann

Denken Sie immer mal wieder daran: Feste und ihre Rituale sind zuallererst menschengemacht. So entstanden beispielsweise die heute vielerorts zentralen Figuren des Weihnachtsmanns und des Christkinds über einige Umwege. Im 16. Jahrhundert verlegte Martin Luther die Bescherung vom Nikolaustag auf den Heiligabend, da die Evangelische Kirche St. Nikolaus nicht als Heiligen verehrt. Im Laufe des 17. Jahrhunderts entwickelte sich aus dem stattdessen gabenbringenden Jesuskind schließlich das engelsgleiche Christkind, dessen Begleiter – Knecht Ruprecht – ab dem 19. Jahrhundert wiederum Pate für die Figur des Weihnachtsmanns stand, wie wir ihn heute kennen. Manchmal dauert es Generationen, bis sich etwas ändert, manchmal aber auch nur einen Entschluss. Jeder Weg beginnt mit dem Willen zur Veränderung. Feiern Sie nicht Weihnachten, feiern Sie *Ihr* Weihnachten.

Selige Nacht

Für immer weniger Menschen gehört der Kirchenbesuch untrennbar zu Weihnachten dazu. Zu spät, zu kalt, zu langweilig. Das ist absolut o. k., jeder nach seiner Fasson. Aber gerade der Besuch einer nächtlichen Messe kann auch ohne eigenen religiösen Hintergrund ein beeindruckendes Erlebnis sein. Und sei es nur, um in der stillen Dunkelheit des Gotteshauses dem Klang altbekannter Lieder zu lauschen. Niemand ist gezwungen mitzumachen. Gehen Sie einfach hinein und nehmen Sie, wenn Ihnen das lieber ist, auf einer der hinteren Bänke Platz. Lediglich von Kerzen erleuchtet, liegt schon, bevor es richtig losgeht, eine besondere, feierliche Atmosphäre im Raum. Und spätestens wenn die Anwesenden ihre Stimmen zum Gesang erheben, der selbst von wenigen so voll und groß wie von vielen klingt, wenn er sich im Gewölbe ungehindert ausbreitet, fühlt man den Zauber und Frieden dieses Tages. Spüren Sie in sich und Ihre Gefühle hinein, schließen Sie, wenn Sie mögen, die Augen und lauschen Sie, so lange Sie wollen, einer Strophe, einem Lied oder mehr. Und – ist Ihnen schon weihnachtlich zumute?

SÜSSE Bauernbrote

Hacken, schmelzen, schaumig rühren, Kugeln formen, Schokoladenduft – für diese Plätzchen sollten Sie sich Zeit nehmen und jeden Schritt von den Einzelzutaten bis zur fertigen Köstlichkeit ein bisschen zelebrieren. Süß als Geschenk und natürlich zum Selbernaschen – das täglich Brot muss schließlich sein …

Für ca. 30 Stück

150 g Zartbitterschokolade
60 g Butter
2 Eier
100 g brauner Zucker
100 g Mehl
1 Messerspitze Weinstein-Backpulver
1 El Kakaopulver
½ Tl Zimt
½ Tl Piment
1 Prise Salz

Außerdem

ca. 120 g Puderzucker zum Wälzen

1. 100 g Schokolade grob hacken und mit der Butter im heißen Wasserbad schmelzen. 50 g Schokolade klein hacken. Wenn die Schokoladenbutter geschmolzen ist, aus dem Wasserbad nehmen und etwas abkühlen lassen.

2. Die Eier mit dem Zucker schaumig schlagen. Die Schokoladenbutter in dünnem Strahl dazugießen. Mehl mit Backpulver, Kakaopulver, Zimt, Piment und Salz mischen. Zur Eier-Schokoladen-Masse geben und glatt rühren. Die gehackte Schokolade unterrühren. Den Teig abgedeckt mindestens 3 Stunden kalt stellen.

3. Den Backofen auf 180 °C vorheizen. Ein Backblech mit Backpapier auslegen. Den Puderzucker zum Wälzen in eine Schale sieben. Mit einem Teelöffel von der Masse Nocken abstechen und diese schnell und mit möglichst kühlen Händen zu Kugeln rollen. Im Puderzucker wälzen, sodass sie rundum dick bedeckt sind. Auf dem Blech mit Abstand verteilen und ca. 15 Minuten backen. Herausnehmen, auf dem Backpapier vom Blech ziehen und abkühlen lassen.

Müsli-Massageherzen

Müsli einmal anders, denn die gesunden Frühstückscerealien werden bei diesem pflegenden Massagebar in Herzform gegossen. Haferflocken, Leinsamen und Weizenkleie: Die Kombination aus drei Peelingsubstanzen ergibt einen schönen Massageeffekt, der Hautschuppen löst, die Haut stimuliert und die Durchblutung spürbar anregt. Perfekt für eine kleine Auszeit!

Zutaten

35 g Kakaobutter
15 g Mangobutter
8 g Haferflocken
8 g Leinsamen
7 g Weizenkleie
10 Tropfen ätherisches Vanilleöl
5 Tropfen ätherisches Tonkaöl

Anleitung

Kakao- und Mangobutter bei geringer Hitze in einem Topf schmelzen. Vom Herd nehmen und kurz abkühlen lassen. Haferflocken, Leinsamen und Weizenkleie dazugeben. Mit den ätherischen Ölen beduften. Alles gut umrühren und in eine Muffin- oder Eiswürfelform aus Silikon füllen. Erkalten und dann im Kühlschrank aushärten lassen.

Anwendung

Unter der Dusche oder in der Badewanne genießen. Den Massagebar zwischen den Händen anwärmen und über die Haut streichen.

Haltbarkeit

Die Haltbarkeit beträgt ca. sechs Monate.

TIPP

Ein wunderbares Geschenk, nicht nur, aber auch, in Verbindung mit einem Massagegutschein. Den Gutschein z. B. einfach auf eine der ausschneidbaren Postkarten hier im Buch schreiben. Als witzige Verpackung für die Massageherzen kann ein kleines Vorratsglas, wie man es auch für Müsli benutzen kann, dienen.

SCHÖNE MOMENTE BESSER BEWAHREN

Kennen Sie das Gefühl, dass ein Moment so schön ist, dass man ihn festhalten möchte? Auch die Weihnachtszeit kann viele solcher Momente, große und kleine, für uns parat haben. Dass das Festhalten nicht geht, wissen wir zwar. Aber den Wunsch, sich etwas zu merken, länger zu behalten, aufzubewahren für dunkle Tage, haben wir dennoch.

Es gibt durchaus ein paar Kniffe, wie sich ein schöner Moment besser einprägt. Zunächst kann man sich das Gefühl ganz bewusst machen: Dies hier mochte ich nicht vergessen. Und sich dabei ein paar Sinneseindrücke bewusst machen. Welche Stimmung, welche Farben, welche Gerüche, welche Menschen umgeben mich? Vielleicht gibt es eine Äußerung von jemandem, deren Wortlaut man sich merken kann. Eine kurze Notiz im Kalender.

Es gibt Möglichkeiten, die über den Schnappschuss mit dem Handy hinausgehen und deren Wirkung uns länger erhalten bleibt. Nämlich unser Empfinden zu schulen und unser Gedächtnis zu trainieren.

Heiligabende

Man kennt es selbst noch aus Kindertagen und vielleicht auch vom eigenen Nachwuchs: Spätestens nach dem zweiten oder dritten Geschenk werden die übrigen nur noch um des Auspackens willen aufgerissen und kaum mehr wirklich wahrgenommen. Das ist zu gleichen Teilen für den Schenkenden wie auch den Beschenkten bedauerlich. Für gewöhnlich nimmt die Anzahl der Geschenke mit zunehmendem Alter ab, doch schon dem zweiten Präsent widmen wir uns nicht mehr mit derselben Hingabe wie dem ersten. Um diesem neurowissenschaftlich belegten Zerfasern der Wertschätzung und der Freude entgegenzuwirken, genügt es schon, die Bescherung auf die Feiertage oder wenigstens verschiedene Tageszeiten aufzuteilen. Ein weiterer positiver Nebeneffekt ist das gleichmäßige Verteilen der Vorfreude über das gesamte Fest. Probieren Sie es einfach mal aus!

Der Baum

Die Yogaposition des Baums *(Vrikshasana)* erinnert an einen Baum, der – durch die Füße – tief mit der Erde verwurzelt ist und hoch in den Himmel wächst (Arme). Fast wie eine weihnachtlich geschmückte Tanne im Garten. Diese Stellung trainiert Gleichgewichtssinn und Konzentration und vermittelt ein schönes Gefühl von innerer Ruhe und Frieden.

1. Im aufrechten Stand verlagern Sie das Gewicht auf das linke Bein und legen den rechten Fuß unten an den Unterschenkel des linken Beins. Lassen Sie das Knie des Standbeins leicht gebeugt, das gibt sicheren Stand.

2. Führen Sie nun die Handflächen vor der Brust aneinander. Verharren Sie 3–4 Atemzüge in dieser Position und senken Sie beim Ausatmen die Arme ab.

3. Üben Sie dann den Baum auf der anderen Körperseite (rechtes Standbein). Fortgeschrittene heben die Arme mit aneinandergelegten Handflächen und leicht gebeugten Ellenbogen über den Kopf. Der Fuß des gehobenen Beins liegt auf Kniehöhe am Standbein.

TIPP

Wenn Sie sich zu Beginn sehr unsicher fühlen oder immer wieder das Gleichgewicht verlieren, stellen Sie ruhig die Fußspitze am Boden neben dem anderen Fuß ab. Hilfreich ist es auch, einen Punkt in Augenhöhe zu fixieren.

Keine Angst vor fremden Menschen

Ihre Lieblingskollegen kommen überraschend erst später zur Weihnachtsfeier? Auf der Silvesterparty, auf der Sie niemanden kennen, verschwindet Ihre Begleitung sofort im Getümmel? Manch einer hält sich nun unbehaglich am Getränk oder Smartphone fest und wäre am liebsten ganz woanders. Sie kennen sicher auch das ungute Gefühl, von anderen Menschen beobachtet zu werden. Besonders stark ist es, wenn man alleine auf eine größere Gesellschaft trifft, sei es im privaten Rahmen oder bei einer beruflichen Verpflichtung. Gerade sensible Zeitgenossen neigen dann dazu anzunehmen, dass nun alle Blicke auf sie gerichtet sind, dass alle anderen einander bereits gut kennen und einander verbunden sind.

Sehr hilfreich ist es dann, sich auf die andere Seite zu begeben und sich selbst zum Beobachter zu erklären. Die Umgebung und andere Menschen interessiert und freundlich anzuschauen. Genau das ist Achtsamkeit. Richtet sich Ihre Aufmerksamkeit auf das Geschehen um Sie herum, dann lenkt Sie dies von dem Gefühl ab, selbst im Zentrum der Aufmerksamkeit zu stehen. Und wer seine Umgebung aufmerksam und freundlich betrachtet, der wird sich nicht lange beobachtet und ausgeschlossen fühlen.
Viel Spaß auf der Feier!

Nichts und alles

Geschenke kommen von Herzen, sind originell, genau das Richtige und gar nicht teuer – zumindest lautet so die Wunschvorstellung für das ideale Geschenk, sowohl vonseiten des Schenkenden als auch des Beschenkten. Leider traktiert uns die Wirklichkeit dagegen oft mit Ratlosigkeit, Krawatten und Vasen. Warum machen Sie sich und Ihre Weihnachtsgesellschaft nicht mal los vom alljährlichen Geschenkezwang? Es kann ausnehmend befreiend sein, sich darauf zu einigen, einander nichts zu schenken und stattdessen gemeinsam für das Festessen zu sorgen oder andere Unkosten zu übernehmen. Wem das zu herzlos erscheint, dem seien Gutscheine für die kleinen Hilfen und Freundlichkeiten des Alltags empfohlen: Fußmassagen, eine Woche Müll raustragen, einkaufen, abwaschen, gemeinsame Spaziergänge. Lediglich Kinder sollten des lieben Friedens willen eine Ausnahme bleiben.

„Ich werde Weihnachten in meinem Herzen ehren und versuchen, es das ganze Jahr hindurch aufzuheben."

Charles Dickens (1812–1870)

Alle Fenster sind erleuchtet

Wenn der Heiligabend gekommen ist, wird es still und einsam auf den Straßen. Planen Sie dieses Jahr doch mal ein halbes Stündchen ein, bevor es vielleicht auch bei Ihnen mit Essen und Bescherung losgeht, um sich auf einen stillen Spaziergang zu begeben. Schreiten Sie die leeren Wege entlang, seien Sie ganz für sich und lassen Sie sich vom Licht und Gelächter hinter all den vorüberziehenden Fenstern erleuchten. Lauschen Sie den Geräuschen und der Musik aus den Häusern, nehmen Sie die Düfte wahr, spüren Sie die fröhliche Friedlichkeit in den Wohnzimmern Ihrer Mitmenschen und freuen Sie sich für sie und sich selbst. Und während der Rauch um Sie herum aus den Schornsteinen in die Höhe steigt, stellen Sie sich vor, Sie seien ganz leicht, und folgen Sie dem Rauch und Ihren Gedanken in den weihnachtlichen Nachthimmel.

Eine Frage

Wie viele Geschenke, die Sie eigentlich nicht mochten oder brauchten, haben Sie dennoch behalten und warum haben Sie nichts gesagt?

Geschenkanhänger ZUM AUSSCHNEIDEN

Geschenkanhänger ZUM AUSSCHNEIDEN

Bratapfel … marmelade!

Bratäpfel kennt wohl jeder. Aber Bratapfelmarmelade? Probieren Sie mal etwas Neues! Auch toll als Geschenkidee aus der Küche.

Für ca. 8 Portionen

100 g Rosinen
75 ml Rum
1 Zitrone
1 kg Äpfel
1 Vanilleschote
50 ml Apfelsaft
50 g Marzipan
500 g Gelierzucker 2:1
80 g gehackte Mandeln
1 Tl Zimt
1 Tl Anis
ca. 6 Tropfen Bittermandelöl

1. Die Rosinen heiß abbrausen, trocken tupfen und bis zur weiteren Verwendung im Rum einweichen. Die Zitrone auspressen. Die Äpfel waschen, trocken reiben, schälen und vierteln. Die Kerngehäuse entfernen und das Fruchtfleisch klein würfeln. Sofort in einem Topf mit dem Zitronensaft mischen.

2. Die Vanilleschote längs aufschneiden. Das Mark herauskratzen und mit der Schote zu den Äpfeln geben. Den Apfelsaft dazugießen. Das Marzipan so fein wie möglich hacken und dazugeben. Alles unter Rühren sehr weich dünsten.

3. Den Gelierzucker unterrühren, dann die Mandeln und die Gewürze. Alles unter Rühren aufkochen lassen. Ca. 4 Minuten sprudelnd kochen lassen, dann die Vanilleschote entfernen. Eine Gelierprobe machen und die Marmelade eventuell noch etwas länger kochen lassen. Zum Schluss die eingeweichten Rosinen unterrühren.

4. Die kochend heiße Marmelade in sterile Gläser à 200 ml füllen. Falls Spritzer an den Rand gekommen sind, diese sofort mit einem sauberen Tuch entfernen. Die Gläser sofort verschließen und für ca. 5 Minuten auf den Kopf stellen. Dann umdrehen und vollständig auskühlen lassen.

Heiligabend als Wohlfühltag

Der Heiligabend ist für diejenigen, die sich um Organisation und Festmahl kümmern, manchmal nicht unbedingt ein entspannter Tag. Aufregung, Anspannung und nicht selten Streit treiben auch aufgrund der hohen Erwartungen den Missmutpegel in die Höhe. Vielleicht ist es an der Zeit, etwas umzudenken: In Litauen beispielsweise ist der 24. Dezember nicht zuletzt deshalb der unangefochtene Höhepunkt der Feiertage, weil die Menschen fest daran glauben, das nächste Jahr würde wie der Heiligabend werden. Aus diesem Grund lässt man es sich besonders gut gehen, badet, besucht die Sauna und behandelt einander wohlwollend und zuvorkommend.

Vielleicht hilft auch Ihnen die Vorstellung, Heiligabend als eine Art Blick in die Zukunft des nächsten Jahres zu sehen, dabei, diesen Tag entspannter anzugehen und nach Ihren Wünschen zu gestalten. Wie wäre es z. B. mit einem Jahr, in dem alle an einem Strang ziehen und sich gegenseitig unterstützen? Wenn Sie gemeinsam feiern, kann mit etwas Absprache jeder einen kleinen Beitrag leisten, die Nachspeise mitbringen, den Tisch dekorieren, den Baum schmücken, auf die Kinder aufpassen. Oder einfach nur ein Lächeln schenken. So wird Heiligabend für alle zum Wohlfühltag.

Mit Kinderaugen

Es ist nicht einfach, den Wunderglauben der eigenen Kindheit wieder heraufzubeschwören und wird Ihnen vermutlich als Erwachsenem nie ganz gelingen. Wenn Sie die Möglichkeit haben, lernen Sie am Beispiel. Wenn nicht, erinnern Sie sich einmal so genau wie möglich zurück, was es war, das Weihnachten in Ihrer Kindheit geprägt hat. Die neuen Spielsachen? Die verheißungsvollen, verpackten Geschenke? Der Besuch von Verwandten? Der bunte Baum?

Sicherlich war auch in Ihrer Kindheit nicht alles an Weihnachten vollkommen. Trotzdem erinnern sich die meisten Erwachsenen an diese Zeit als magisch und besonders. Warum? Weil man sich als Kind ganz natürlich auf die schönen Dinge konzentriert und in der Lage ist, absolut für den Moment zu leben. Denken Sie an dieses Gefühl zurück und versuchen Sie, es wieder in sich zu wecken, falls an Heiligabend etwas einmal nicht nach Ihren Wünschen läuft.

Geschenkdeko aus Gips

24. Dezember und der Schoko-Adventskalender baumelt mit offenen Türchen an der Wand. Nicht wegwerfen! Die Plastikeinlage eignet sich nämlich ganz wunderbar als Gussform für Mini-Gipsfiguren, mit denen sich (im nächsten Jahr) Geschenke verschönern lassen.

Größe: ca. 4 x 3 x 0,7 cm

Material

leerer Schokoladen-Adventskalender
Gips
auf Wunsch Acrylfarben

Werkzeug

Schale (zum Gips-Anrühren)
Löffel
Pinsel
Heißkleber

Anleitung

1. Los geht's mit dem Adventskalender. Entfernen Sie zunächst die Pappschachtel, sodass nur noch das Plastikinnenleben übrig bleibt.

2. Nun ist der Gips dran! Diesen rühren Sie nach Herstellerangaben an. Beachten Sie aber, dass Sie für die kleinen Formen wirklich nur ganz wenig Gips benötigen. Rühren Sie lieber später noch einmal ein bisschen etwas an, falls es nicht reicht, denn die Masse wird sehr schnell fest.

3. Jetzt werden die Formen mit Gips gefüllt. Am besten benutzen Sie dazu einen kleinen Löffel. Je nach Größe der Form kann die Härtezeit variieren. Am besten lassen Sie alles über Nacht aushärten, bevor Sie die kleinen Teilchen aus der Form holen, da auch bei äußerlicher Trockenheit immer noch eine Menge Flüssigkeit im Kern steckt, die entweichen muss.

4. Am nächsten Tag kommen die Figuren dann aus der Form direkt auf das Geschenk! Kleben Sie sie mit einem Tropfen Heißkleber fest. Wenn Sie Lust haben, können Sie die Formen natürlich auch anmalen. Am besten verwenden Sie Acrylfarben, da diese sehr gut decken!

Zeit für etwas Dankbarkeit

Das vergangene Jahr hat Ihnen viele schöne, freudvolle, sorgenreiche, vielleicht auch traurige, sicherlich einige stressige und ganz bestimmt viele neue Erfahrungen gebracht. Für welche Ereignisse, die Ihr Leben im letzten Jahr beeinflusst haben, sind Sie besonders dankbar? Machen Sie eine Liste, vielleicht auch mit dem Grund für Ihre Dankbarkeit, und bewahren Sie sie gut in Ihrem Herzen.

„Die grössten Ereignisse, das sind nicht unsere lautesten, sondern unsere stillsten Stunden."

Friedrich Nietzsche
(1844–1900)

Gute Nachsätze

Jedes Jahr ist ein Neuanfang, begleitet von guten Vorsätzen, die es oft genug nicht in den Alltag schaffen. Der Grund dafür sind aber nicht unbedingt Bequemlichkeit, Zeitmangel oder übertriebene Ansprüche an uns selbst, sondern zu eiliges Voranschreiten. Achtlos lassen wir das vergangene Jahr zurück, da wir hoffen, all der Mühen, Sorgen und mangelnden Selbstdisziplin mit dem zwölften Glockenschlag an Mitternacht ledig zu werden.

Nehmen Sie sich lieber die Zeit und blicken Sie zurück auf die Nöte, aber vor allem auf die Erfolge und Schönheiten des vergangenen Jahres. Schließen Sie die Augen, schauen Sie aus dem Fenster oder blättern Sie durch das (digitale) Fotoalbum der letzten zwölf Monate. Brechen Sie nicht alle Brücken ab, sondern nehmen Sie 365 Tage Anlauf, um wirklich weit zu kommen im neuen Jahr. Erinnern Sie sich an Glücksmomente und legen Sie Grübeleien über Dinge, die Sie nicht mehr ändern können, endgültig zu den inneren Akten. So sammeln Sie Kraft für alles, was im neuen Jahr auf Sie zukommen mag.

Kühler Kopf

Der Winter besitzt nicht die Milde des Frühlings, die Wärme des Sommers oder das Feuer des Herbstes, doch verspricht er kühle Klarheit und reinigende Einfachheit. Treten Sie auch bei knackigen Minusgraden öfter mal aus der verbrauchten Heizungsluft nach draußen, um Ihren Kopf frei zu machen. Atmen Sie tief ein und aus. Stellen Sie sich vor, wie die Wolken aus Ihrem Kopf nach draußen strömen und sich in der Kälte auflösen. Lassen Sie in Gedanken all Ihre Sorgen und Nöte mit der Hitze Ihres Körpers aus Ihren Poren fließen. Positiver Nebeneffekt: Nach ein paar Schritten in der Kälte (oder gar barfuß durch den Schnee!), werden Sie die warme Behaglichkeit Ihres Zuhauses – oder sogar Ihres Büros – noch mehr zu schätzen wissen.

Zwischen den Jahren

Die schwerelose Zeit zwischen Weihnachten und Neujahr können Sie ideal nutzen, um Ihre eigenen Regeln zu hinterfragen, vielleicht sogar zu brechen, und neue Erfahrungen zu machen. Testen Sie ein paar der Vorsätze fürs neue Jahr jetzt einfach einmal aus! Und was so gar nicht gefällt, kann am Ende gern im alten Jahr zurückbleiben. Es ist alles erlaubt: Machen Sie eine Blitzdiät oder essen Sie drauflos. Treiben Sie Sport oder liegen Sie trotz Trainingsplan faul auf dem Sofa. Gehen Sie früh ins Bett oder machen Sie die Nächte durch. Seien Sie offen, energisch, gut gelaunt oder ziehen Sie sich zurück. Finden Sie Ihre Mitte, indem Sie über die Stränge schlagen. Beugen Sie sich nur keinen Routinen.

ACHTSAM UND WEIT WEG INS NEUE JAHR

Sie möchten achtsam ins neue Jahr starten und dabei raus aus dem Alltag? Ein Tipp: Schauen Sie mal im Internet nach Reiseangeboten oder fragen Sie in Ihrem Reisebüro nach achtsamen Reisen. Es gibt Anbieter, die genau das im Programm haben. Wer Yoga liebt, für den ist vielleicht ein Yoga-Retreat in diesen Tagen genau das Richtige. Oder Sie machen einfach mal einen echten Urlaub zu Hause. Ohne To-do-Listen, ohne Telefon, ohne Smartphone, ohne Projekte. Meditieren Sie, gehen Sie spazieren, tun Sie, wonach immer Ihnen der Sinn steht. Kommen Sie einmal raus aus Ihrer Welt, um im neuen Jahr mit neuer Energie zurückzukehren.

DREHSITZ

Diese Yogahaltung mit der Sanskritbezeichnung *Ardha Matsyendrasana* hat ihren Namen vom sagenumwobenen Begründer des Hatha-Yoga, Matsyendrasana. Der Drehsitz zählt zu den klassischen Drehübungen und regt unter anderem die Organe des Oberbauchs an. Das wirkt sich positiv auf die Verdauung aus – die perfekte Übung also nach dem vielen, leckeren Festtagsessen. Gleichzeitig wird die Muskulatur gekräftigt, die den Rumpf aufrichtet, und die tiefe Gesäßmuskulatur wird gedehnt.

1. Setzen Sie sich auf den Boden und strecken Sie die Beine aus.

2. Kreuzen Sie nun den linken Fuß über das rechte Bein. Das Knie zeigt dabei nach oben. Beugen Sie nun das rechte Bein. Setzen Sie die linke Hand hinter dem Körper ab. Strecken Sie dabei den Rücken. Ihr rechter Arm wird gestreckt über das linke Bein geführt.

3. Drehen Sie sich nun bei der Ausatmung nach hinten, sodass Sie über die linke Schulter schauen können. Verharren Sie hier einige Atemzüge lang und gehen Sie in der umgekehrten Reihenfolge wieder in den normalen Sitz zurück – zur Vorbereitung der anderen Seite (rechter Fuß über linkes Bein).

TIPP

Achten Sie darauf, dass die Wirbelsäule aufgerichtet und gerade ist. Drücken Sie beide Gesäßhälften zu Boden. Bei akuten Rücken- oder Ischiasbeschwerden sollten Sie den Drehsitz nicht üben. Anfänger können den Drehsitz auch mit gestrecktem rechten Bein ausführen.

Heiße Kirsche

Ein fruchtig-heißer Drink für kalte Silvesternächte, der dank des schwarzen Tees außerdem wach hält. Es muss ja nicht immer Sekt um Mitternacht sein.

Für 4 Portionen

1 Ananasring aus der Dose
1 El Mandarinen aus der Dose
12 Sauerkirschen aus dem Glas
13 cl Kirschlikör
½ l schwarzer Tee
Vanillezucker

1. Den Ananasring, die Mandarinen aus der Dose und die Sauerkirschen abtropfen lassen und in Stücke schneiden. Den Kirschlikör erhitzen. Den schwarzen Tee mit Vanillezucker süßen und in Gläser füllen.

2. Früchte und Likör darüber verteilen. Wer dies lieber möchte, kann den Likör auch durch Kirschsaft aus dem Sauerkirschenglas ersetzen.

Selbstgespräche

Der Jahreswechsel ist eine Stunde null zwischen gestern und morgen. Es kann ein Scheideweg sein, eine neue Etappe oder ein Wendepunkt. Manchmal sind wir uns noch am Silvesterabend selbst nicht ganz sicher, was wir eigentlich vom alten Jahr halten und was wir von uns selbst für das neue Jahr erwarten und uns wünschen. Bisweilen sind die letzten Wochen des alten Jahres auch so turbulent, dass man noch gar nicht richtig zum Nachdenken gekommen ist.

Wie wäre es wohl, Silvester einfach in Ruhe zu verbringen oder gar Mitternacht zu verschlafen? Diese Frage hat sich wohl jeder schon mal gestellt. Trotzdem landet man – und sei es noch so sehr auf den letzten Drücker – am Ende doch in geselliger Runde mit Freunden oder notfalls auf einer Feier entfernter Bekannter.

Haben Sie keine Angst davor, etwas zu verpassen oder gar irgendwie „falsch" ins neue Jahr zu kommen. Silvester kommt jedes Jahr wieder, darauf können Sie sich verlassen. Warum also nicht mal etwas anderes ausprobieren und sich dann und wann eine Party-Auszeit nehmen? Verabschieden Sie sich so vom alten Jahr und begrüßen Sie das neue, wie es Ihnen am besten tut. Und wenn das bedeutet, dass sie sich nach einer 3-Minuten-Meditation um halb elf in die Federn kuscheln und tiefenentspannt im neuen Jahr erwachen – warum nicht?

Gehmeditation im Rückwärtsgang

Falls Sie zwischen den Jahren oder auch in den ersten Tagen des neuen Jahres ein wenig Zeit und die Gelegenheit haben, nehmen Sie den Jahresrückblick doch einmal wörtlich. Besuchen Sie vertraute Orte Ihres Lebens, vielleicht sogar Ihren Heimatort, gehen Sie entlang altbekannter Wege ... und zwar rückwärts. Lassen Sie sich für diesen Perspektivwechsel – wenn gewünscht – von einer Vertrauensperson an die Hand nehmen. Spüren Sie den Boden und jeden Schritt unter Ihren Füßen. Blicken Sie zurück auf die vergangenen Schritte, das vergangene Jahr. Ob Wohnung, Spazierweg oder (Wahl)heimatstadt: Was hat sich verändert und was nicht? Was hat sich in Ihrem Leben verändert und was nicht? Viel zu oft laufen wir achtlos durch unsere Umwelt und unseren Alltag, ohne unsere Umgebung oder die Ereignisse in unserem Leben richtig wahrzunehmen. Wagen Sie den Perspektivwechsel, der Ihnen helfen wird, frisch und frei um sich herum und auf Ihre jüngere Vergangenheit zu schauen.

Glücksfee-Grußkarte

Silvestergrüße haben zwar keine so große Tradition wie Weihnachtspost, aber umso schöner und überraschender ist es, wenn einer bei einem Ihrer Lieben ankommt. Die kleine Glücksfee können Sie mit vielen guten Wünschen für das neue Jahr auf den Weg schicken.

Größe: 11,4 × 14,7 cm

Material

doppelseitig bedruckter Motivkarton in Weiß mit grauen und roten Punkten bzw. Rot-Weiß kariert, DIN A5
Tonpapierrest in Rot
7 selbstklebende Strasssteine in verschiedenen Größen in Silber, ø 0,2–0,4 cm

Außerdem

Bastelkleber oder Klebestift
Falzbein und Lineal
Cutter und Schneideunterlage oder kleine, spitze Schere

Anleitung

1. Mithilfe von Falzbein und Lineal den Motivkarton mittig falzen und zu einer Doppelkarte zusammenklappen. Die karierte Seite ist innen. Die Kartenecken mit der Schere gleichmäßig abrunden.

2. Die kleine Fee laut Vorlage auf das rote Tonpapier übertragen und sorgfältig ausschneiden.

3. Die Fee auf die Vorderseite der Karte kleben, dabei die Flügel aussparen. Trocknen lassen, dann die Flügel etwas nach oben biegen. So entsteht ein schöner 3D-Effekt.

4. Zum Schluss die Strasssteinchen aufkleben: den größten auf die Mitte des Zauberstabes, den Rest als „Feenstaub".

Vorlage (um 200 % vergrößern)

DAS NEUE JAHR AM HORIZONT

Nicht jeder mag es, aber Feuerwerk und Knallerei gehören zu Silvester einfach dazu. Lärm und Lichter wecken das neue Jahr und wir stehen mittendrin und können doch – wie so oft im Leben – nicht das Ganze sehen. Treten Sie in den ersten Augenblicken des neuen Jahres vielleicht einmal einen Schritt zurück, gehen Sie auf Distanz. Suchen Sie sich einen Aussichtspunkt, von dem aus Sie das Feuerwerk der Umgebung gut sehen können. Schießen Sie kein eigenes Feuerwerk ab, lassen Sie sich nicht ablenken. Beobachten Sie nur das Aufblühen des Nachthimmels in schillernden, knisternden Farbenspielen über der Stadt oder dem Land. Saugen Sie die Lichter, den Jubel, die Geräuschkulisse mit jedem Blick und jedem Atemzug in sich auf, halten Sie kurz inne und benutzen Sie diese Energie als Antriebskraft für einen Neuanfang, für Ihr Jahr.

DETOX-Badesalz

Für den Jahreswechsel den Körper nochmal entgiften und die Seele baumeln lassen, können Sie mit diesem Detox-Badesalz und einem wunderbar warmen Wannenbad. Das Badesalz ist im Handumdrehen hergestellt, die Salze bewirken, dass Giftstoffe aus dem Körper ausgeleitet und zugleich Mineralstoffe über die Haut aufgenommen werden.

Zutaten

250 g Himalajasalz
250 g Bittersalz (Magnesiumsulfat, Epsomsalz)
15 g Natron

Herstellung

Himalajasalz, Bittersalz und Natron in einem großen Schraubglas sorgfältig mischen. Sofort verwenden oder gut verschließen und trocken lagern.

TIPP

Keine Lust auf ein Vollbad? Dann gönnen Sie Ihren Füßen ein kleines entschlackendes Fußbad: Dazu eine Tasse Salz (Himalaja- oder Bittersalz) und 1 El Natron in einer größeren Schüssel mit ca. 37 °C warmem Wasser kurz verrühren. Die Füße 20 Minuten darin baden, trocken tupfen und danach ruhen.

Anwendung

1-mal wöchentlich, am besten abends anwenden. Ins Badewasser (idealerweise 37 °C) einstreuen und etwa 20 Minuten darin baden. Danach die Haut sanft trocken tupfen und 30 Minuten ruhen.

Haltbarkeit

Bei trockener Lagerung in einem verschlossenen Gefäß ca. sechs Monate.

ZUKUNFTSTRÄUME

Weissagungen an Silvester haben eine lange Tradition, die über das obligatorische Bleigießen hinausgeht. Eine volkstümliche Zukunftsdeutung ist beispielsweise das Querschneiden eines Apfels. Entsteht in der Mitte der beiden Hälften ein Stern, handelt es sich um ein gutes Zeichen, ein Kreuz hingegen verheißt Unglück im nächsten Jahr. Andere Methoden umfassen Walnussschalenhälften, die mit einer kleinen Kerze bestückt eine Schale überqueren müssen oder das Ziehen von Runensteinen aus einem Beutel.

Doch keine Angst, Sie sollen nicht dem Aberglauben erliegen und bei einem schlechten Omen in Panik verfallen. Stattdessen wenden Sie sich auf diese Weise innerlich dem Morgen zu, öffnen sich den Möglichkeiten – und haben dabei hoffentlich auch noch etwas Spaß!

Mundwinkel rauf

Einen guten Vorsatz können Sie im nächsten Jahr bestimmt erfüllen: mehr lächeln. Ein freundliches Lächeln kostet nichts und kann Wunder bewirken. Das können Sie an sich selbst vor dem Badezimmerspiegel ausprobieren. Lächeln Sie sich eine Weile an und Sie werden feststellen, dass Sie nicht nur hübscher aussehen, sondern sich auch Ihre Laune bessert. Die Augen strahlen, Fältchen glätten sich, der Geist beruhigt sich. Was bei Ihnen wirkt, das wirkt bei Ihren Mitmenschen auch, sei es zu Hause bei den Liebsten oder draußen auf der Straße. Freundlichkeit ist ansteckend, denn wer angelächelt wird, der spürt instinktiv, dass vom Gegenüber keine Gefahr ausgeht. Vorausgesetzt, das Lächeln ist echt.

Päckchen packen

Kennen Sie das Gefühl, ein Problem mit sich herumzuschleppen und es nicht lösen zu können? Nehmen Sie es nicht mit ins neue Jahr. Nachdem Sie die Weihnachtspäckchen ausgepackt haben, können Sie mit dieser Gedankenübung nun die Sorgenpäckchen einpacken.

1. Sitzen Sie gerade und entspannt auf einem Stuhl. Die Füße berühren zur Erdung den Boden.

2. Nehmen Sie einige tiefe Atemzüge und spüren Sie ihnen nach.

3. Vielleicht kommen Sie dabei einer Verspannung im Körper auf die Spur, einer störenden Stelle, einer Unruhe. Versuchen Sie zu orten, wo genau das Gefühl sitzt.

4. Nun geben Sie dem Gefühl eine Überschrift oder einen Namen. Lassen Sie den Gedanken freien Lauf, um auf eine Idee zu kommen, was Sie erspürt haben.

5. Wenn Sie es gefunden haben, betrachten Sie es, drehen und wenden es und schauen es genau an.

6. Auf diese Weise bekommen Sie das Problem zu fassen. Packen Sie es in Gedanken in ein Päckchen und versehen Sie es mit einer Schleife.

7. Nun ab damit. Fällt Ihnen jemand ein, der es bekommen soll? Dann adressieren Sie das Päckchen in Gedanken und bringen es zur Post. Vielleicht ist es aber auch etwas, das nur Sie etwas angeht. Dann verstauen Sie das Päckchen an einem sicheren Ort. Dort kann es nun bleiben und lässt Sie hoffentlich in Frieden.

Neues Jahr, neues Tagebuch

Vielleicht packt Sie im neuen Jahr die Lust, Ihr Leben und die Ereignisse darin schriftlich festzuhalten, auf die Geschehnisse eines Tages mit Stift und Papier in Ruhe zurückzuschauen. Vielleicht stellen Sie auch fest, dass Sie nach spätestens ein, zwei Wochen Tage auslassen, weil Ihnen nun mal die Zeit fehlt, Sie zu müde sind oder aus anderen Gründen. Sie müssen deshalb aber nicht auf Ihren Tagebuchplan verzichten. Ändern Sie einfach die Methodik und beginnen Sie mit einem ganz besonderen Tagebuch, in dem Sie Ihre Gefühle und Erlebnisse jeden Tag notieren – und zwar mit nur einem Wort.

Es spielt dabei keine Rolle, ob Sie ein paar Monate oder ein Jahr später noch wissen, was Sie mit „Jubel", „Achterbahn" oder „Salami" sagen wollten. Denn mit nur einem Wort einen ganzen Tag zusammenzufassen, ist eine wundervolle Übung an sich, um achtsam auf die vergangenen 24 Stunden zurückzuschauen, und darum nicht weniger wertvoll als eine komplett vollgeschriebene Seite. Was genau ist passiert? Was ist erinnernswert? Was war mir an diesem Tag besonders wichtig?

Die Geister vertreiben

Die Silvesterknallerei ist dem landläufigen Eindruck entgegen im Grunde kein geistloses Inferno, sondern gewissermaßen ein Feuerzauber gegen die dunklen Mächte des Winters. Im Gegensatz zu weiten Teilen der westlichen Welt haben sich z. B. in Lettland christliches und vorchristliches Brauchtum zur Abwehr von Übeln vermischt. So werden an Heiligabend Eichenbalken von Haus zu Haus gezogen und schließlich verbrannt, um Böses zu verbannen und die Sonne zu stärken. Verjagen auch Sie die bösen Geister aus Ihrem Leben und Ihrem Kopf. Stellen Sie sich vor, dass mit jedem Knall, mit jedem Feuerwerk eine Sorge und eine Not aus Ihrem Leben entfliehen.

★ ★ ★ ★ Glückskekse! ★ ★ ★ ★

Diese bunten Glückskekse haben Sie ganz schnell gebastelt. Sie sind eine fröhliche Dekoration für die Silvesterparty, die Sie auf Wunsch noch mit lustigen Sprüchen, guten Wünsche oder achtsamen Zitaten für die Gäste füllen können.

Größe: ø ca. 10 cm

Material für 4 Glückskekse

Tonpapier in Bunt gemustert, DIN A4 (oder Tonpapierreste in verschiedenen Farben und Mustern)
Papier in Weiß (für die Botschaften)

Außerdem

Cutter und Schneideunterlage oder kleine, spitze Schere
Falzbein und Lineal
Zirkel
doppelseitiges Klebeband

TIPP

Im Papierhandel gibt es schöne, schon auf ø 10 cm vorgestanzte, runde Origamipapiere, die sich gut für die Papier-Glückskekse eignen.

Anleitung

1. Kreise mit ø 10 cm mit dem Zirkel auf das Tonpapier aufmalen und ausschneiden. Papierstreifen für die individuellen Textbotschaften aus weißem Papier zurechtschneiden (ca. 0,5 x 10 cm) und beschriften.

2. Die Kreise zwei Mal falten, sodass Viertelkreise entstehen, dann wieder zum Halbkreis öffnen. Die Halbkreise mittig am inneren Rand mit einem kleinen Stück doppelseitigem Klebeband zusammenkleben. Die Textbotschaft in den zugeklebten Halbkreis schieben.

3. Zum Schluss den mittleren Falz von der Rückseite her mit dem Daumen etwas eindrücken. Dabei klappt der hintere Rand automatisch nach oben. Die Kekshälften nah am hinteren Falz mit einem weiteren Stück doppelseitigem Klebeband zusammenkleben.

WAS ERHOFFE ICH MIR VOM NEUEN JAHR?

Nach dem Rückblick kommt der Ausblick: Notieren Sie hier Ihre Wünsche und Hoffnungen für das neue Jahr. Haben Sie Ziele, Träume, Projekte, die Sie umsetzen möchten? Freuen Sie sich auf ein besonderes Ereignis? Lassen Sie die Seite das Jahr über ruhen und schauen Sie in 365 Tagen noch einmal nach, was Sie sich aufgeschrieben haben. Am besten mit der Dankbarkeitsliste des nächsten Jahres zur Hand.

„WÜNSCHE sind nie klug. Das ist sogar DAS BESTE an ihnen."

CHARLES DICKENS
(1812–1870)

REGISTER

TEXT- UND BILDNACHWEIS

TEXTE:

Rafael Collowino (S. 7, 14, 19, 20 o., 23 u., 29, 39 o., 41, 43, 45 o., 47, 51 u., 61, 71 u., 64, 68, 72 M., 76 o., 79 u., 80, 84 u., 86, 88 o., 90 u.) // Rafael Collowino und Naumann und Göbel Verlag (S. 23 o., 26 o., 30, 39 u., 51 o., 55 o., 56 o., 59 o., 76 u., 81, 84 o.) // Naumann und Göbel Verlag (S. 4–6, 8, 10/11, 15, 18, 20 u., 28 u., 31, 46, 56 u., 62, 63 u., 72 u., 78, 90, 93 sowie die Einleitungstexte auf S. 16, 24, 34, 36, 42, 48, 65) // Inga Scheidt (S. 22, 28 o., 32, 45 u., 59 u., 63 o., 68, 71 o., 88 u., 89)

ANLEITUNGEN UND REZEPTE:

Sandra Catherine Breiter (S. 52/53) // Guido Cravelius (S. 42) // Nina Engels (S. 35, 48, 65, 75) // Petra Hoffmann (S. 36) // Dr. Claudia Lainka (S. 13, 40, 54, 66, 87) // Sabine Lauster (S. 24, 92) // Ruth Scholl (S. 85) // Jessica Stuckstätte (S. 77) // Verlagsarchiv (S. 16, 60, 83) // Barbara Klein, Jutta Schuhn, Michael Sauer, Sylvia Winnewisser (S. 27, 38, 50, 70, 82)

FOTOS:

Ullrich Alber (S. 13, 25, 54, 67, 87, 92) // Sandra Catherine Breiter (S. 54/53) // Cutter & Soul (S. 77) // Uli Glasemann (S. 85) // Kay Johannsen, Ohmden (S. 42) // Carola Schmitt, Petra Hoffmann (S. 37) // TLC Fotostudio (S. 17, 35, 65, 75, 83)

Fotolia.com: © picsfive (Klebeband), © Sandra Thiele (Tipp-Pappschild rund), © Zerbor (Tipp-Pappschild eckig)

GRAFIKEN UND ILLUSTRATIONEN

Ausmalbilder:

Fotolia.com: © alexandrakuz (S. 8), © ipanki (S. 69), © lricat (S. 81), © miluwa (S. 21), © tanvetka (S. 33), © veleri_kz (S. 44), © yazzik (S. 91)

Illustrationen:

Fotolia.com: © Iveta Angelova (Zweiglein S. 48, Texttrenner S. 20, 27, 59, 80, 84), © avian (Adventskalendertürchen, Geschenkanhänger, Postkarten; Häuser, Banner und Vögel S. 4, Christbaumkugeln S. 6, Vogel und Geschenk S. 7, Geschenke S. 15, Schneemann S. 19, Bär S. 20, Fuchs S. 23, Cupcake S. 26, Hase S. 27, Eichhörnchen und Lebkuchenmann S. 30, Häuser S. 32, Stechpalme S. 34, Vogel und Handschuhe S. 39, Tasse S. 42, Schneekugel S. 46, Bär S. 50, Tannen S. 51, Rentier S. 52, Vögel, Geschenk und Winterkleidung S. 54/55, Häuser S. 66, Vogel und Geschenke S. 68, Baum S. 70, Elch und Kerze S. 72, Pinguin S. 80, Vogel S. 82, Vogel S. 84, Christbaumkugeln und Panda S. 94/95), © blinkblink (Geschenk S. 63, Hirsch und Sprechblase S. 71), © Elena Chernina (Tasse S. 60), © Ekler (Zug S. 48, Banner S. 56), © natasha_chetkova (Engel S. 6, Mädchen S. 22), © inkant und © snyGGG (Schneeflocken), © Anja Kaiser (Kringel, Pfeile und Herzen S. 26, 63, 65, 78, 88, Zweigkreis S. 45, Blumen und Zweigkreis S. 79, Herzen S. 82, Kringel und Blumen S. 84, Texttrenner S. 68, Textbox mit Schnörkeln S. 43 und 90), © KatyaKatya (Tannenzweige und Plätzchen S. 30, Tannenzweige S. 38, Christbaumkugel S. 76, Päckchen, Tropfen und Herzen S. 89), © Kudryashka (Katze S. 38), © Leeyenz (Christbaumkugeln S. 23 und 45), © LenLis (Engel S. 34), © lilett (Girlande S. 20, Häuser und Sterne S. 26, Schneemann S. 28, Rentier S. 41, Sterne und Vogel S. 56 und 59, Häuser und Weihnachtsmann S. 61), © julia_henze (Zweige S. 13, 19, 73, 61, 93, Sternschnuppen S. 32, Schere S. 85), © mhatzapa (Schere S. 9), © Paul Malyugin (Stechpalmenblätter S. 16), © olha2016 (Mistelzweig S. 18), © tanycya (Blumen und Zweig S. 1), © topvectors (Yogafrau S. 82), © Utro na more (Zweigkreis S. 29), © Marina Zlochin (Zweiglein S. 26, 79, 82, Glocken S. 14, Christbaumkugeln S. 19, Vogel S. 45, Taube S. 64, Wimpelkette S. 83)

Designed by Freepik.com: © Freepik (Texttrenner S. 7, 15, 50, 64, 72, 75, Pfeil S. 9, Engel S. 43, Rahmen S. 80 unten, Uhr und Kirschen S. 83, Feuerwerk und Banner S. 86, Apfelhälften und Lächeln S. 88, Feuerwerk S. 90), © Sapann-Design (Skyline S. 86), © smithytomy (Rahmen mit Stechpalmenzweig S. 41)

Rahmen und Balken:

Fotolia.com: © Iveta Angelova (S. 20, 32, 54, 55, 73/74, 81, 83), © avian (S. 62),), © css0101 (S. 30, 76), © cutelittlethings (S. 5, 23, 31, 40, 79), © Elenapro (S. 3, 36/37, 75, 92), © Jan Engel (S. 4, 34/35, 71), © incomible (S. 14, 45, 51, 59, 93), © kavunchik (S. 21, 42), © olhakostiuk (S. 22, 65, 77, 82), © orangeberry (S. 13, 27, 88), © shumo4ka (S. 60), © tanawatpontchour (S. 6, 39, 63, 89), © tashka2000 (S. 57, 58, 73, 74), Utro na more (S. 7, 9–12, 29, 43, 61), © ZaZa studio (S. 14, 23, 56, 80), © zozodesign (S. 72)

Designed by Freepik.com: © D3Images (S. 16, 17, 41, 52, 53), © Freepik (S. 24, 25, 26, 28, 38, 48/49, 50, 56, 64, 68, 84, 85, 87, 90, 96), © Lapetiteprune (S. 19, 66, 67, 80)

Hintergründe:

Fotolia.com: © andersphoto (S. 9–12), © cofeee (S. 5), © Marina Demidova (S. 18), © donatas1205 (S. 19, 20, 30, 43, 51, 54, 61, 64, 68, 76, 84, 90, 94/95), © incomible (S. 46), © marigold_88 (S. 15, 78, 86), © Naturestock (S. 4, 26, 28, 41, 45, 50, 52/53, 65, 77, 79, 85, 88), © surachetkhamsuk (Glitzerfolie Sterne S. 24/25), © tanawatpontchour (S. 2, 3, 22, 32, 38, 55, 60, 82), © thaporn942 (Sprechblase S. 71), © Wiennat M (S. 6, 13, 24/25, 34, 36, 39, 40, 42, 48, 59, 63, 66, 71, 72, 75, 83, 89, 92)

Designed by Freepik.com: © Akdesign (S. 47), © Lapetiteprune (S. 94/95)